工学整合式教学模式研究

柳和玲 著

中国财富出版社

图书在版编目（CIP）数据

工学整合式教学模式研究/柳和玲著．—北京：中国财富出版社，2014.4
ISBN 978-7-5047-5152-2

Ⅰ．①工…　Ⅱ．①柳…　Ⅲ．①职业教育—教学模式—教学研究—中国　Ⅳ．①G719.2

中国版本图书馆 CIP 数据核字（2014）第 051069 号

策划编辑　张　茜　　**责任印制**　方朋远
责任编辑　韦　京　禹　冰　　**责任校对**　梁　凡

出版发行　中国财富出版社
社　　址　北京市丰台区南四环西路 188 号 5 区 20 楼　　**邮政编码**　100070
电　　话　010-52227568（发行部）　　010-52227588 转 307（总编室）
　　　　　010-68589540（读者服务部）　　010-52227588 转 305（质检部）
网　　址　http://www.cfpress.com.cn
经　　销　新华书店
印　　刷　北京九州迅驰传媒文化有限公司
书　　号　ISBN 978-7-5047-5152-2/G·0574
开　　本　880mm×1230mm　1/16　　**版　　次**　2014 年 4 月第 1 版
印　　张　9.5　　**印　　次**　2014 年 4 月第 1 次印刷
字　　数　176 千字　　**定　　价**　48.00 元

内容提要

本课题针对我国中等职业学校顶岗实习阶段教育功能缺失问题进行研究探索。通过构建顶岗实习教学模式——工学整合式教学模式，从学校、企业、教师和学生四个维度建立工学整合式教学实施方案，为我国中等职业学校在顶岗实习阶段开展工学整合式教学，进行有效教学管理，提高学生顶岗实习质量提供理论指导和实践示范。

工学整合式教学模式研究是以系统的观点，对职业院校实践教学过程探索建立一个完整的教学活动方案，构建的方法是以教学目标、教学内容、教学组织方式和教学评价四个方面为框架，以培养学生职业能力作为工学整合式教学目标，以企业工作任务作为工学整合式教学内容，以企业完整的行动模式作为工学整合式教学组织方式，以理论学习成绩与实际工作表现相结合的评价指标作为工学整合式教学评价的方法。

工学整合式教学模式的构建为学生职业能力的培养建立了一条崭新的途径。它不仅可以应用于中等职业学校顶岗实习阶段的教学管理，还可全方位应用于高等职业技术院校相同阶段的教学管理和校内实训教学与课程开发领域。

工学整合教学的研究探索是一个开放和发展的课题。伴随着我国职业教育的发展，本研究也将不断得到深化。

序　一

作为一种跨越了产业与教育、企业与学校、工作与学习的所谓跨界的教育类型，职业教育如何在专业、课程、教学以及教师等领域，通过工学结合来进一步提高教育教学质量？而这一质量的提高，又如何在产教融合思想的指导下，逐步形成长效的校企合作的办学机制？职业教育的质量保障包括产业、企业对职业教育能否满足经济发展需求的满意度，对学生职业能力能否满足就业需求与生涯发展的有效度等，其评价标准又如何制定？此外，在使每一个学生都成为一个合格劳动者的同时，如何还能培养出一大批职业教育的出类拔萃的技能型人才？

近年来，职业教育的改革与发展，不仅在宏观层面的政府主导下取得了长足的进步，而且在微观层面的教学领域，以一线教师作为行动研究者，也同样取得了可喜的成果。例如，在学生顶岗实习阶段开展工学整合式教学，就是北京交通运输职业学院教师柳和玲，在职业教育教学改革方面所进行的一项颇为成功的探索。

改革与发展必须有问题意识。问题源于对应然与实然的判断，这正是改革的出发点。柳老师进行了具有导向性的探索：如何对学生顶岗学习环节进行有效的教学管理，进而提高学生顶岗实习的质量，实现工作与学习的结合，促进学生就业，并为学生在职业生涯中的可持续发展提供指导。这个问题是我国职业教育界长期关注的一个热点，也是一个难点。

柳和玲老师的探索始于2007年9月，当时在北京市交通学校（北京交通运输职业学院的前身）任教的柳老师到北京师范大学进修，师从赵志群教授，系统地学习了基于工作过程的课程开发方法，并将企业实习的工作过程设计为学习过程。在北京市交通学校领导的支持下，她的研修成果在学校04级两个教学班进行了“整合式”顶岗实习教学改革的实验。

2010年9月至2011年6月，柳老师又来到中国教育科学研究院（原中央教育科学研究所）做访问学者，以“工学整合式教学模式研究”为访学课题，对自己在教学改革和教学实验中遇到的问题及取得的成果予以进一步反思。在吴霓研究员的悉心指导下，研究又有了较大突破：建立了学生、教师、企业、学校四位一体的工学整合式教学实施方案。在访学期间，柳老师还完成了她所主持的北京市教育科学“十一五”规划重点课题“中等职业学校顶岗实习教学改革研究”。

柳老师将教学与研究同步进行，使自己的教学经验得以升华。她先后发表过三篇论文：第一篇是《工学整合式实践教学的探索》，第二篇是《顶岗实习教学创新的探索》，第三篇是《工学整合式教学模式研究》。第三篇论文在中国职业技术教育学会期刊编辑专业委员会和中国职业技术教育杂志举办的优秀论文评选中获奖。在此基础上，柳老师还出版了两本著作：《工学整合式实践教学实施方案》和《中等职业学校顶岗实习教学改革研究》。在柳老师研究的基础上，北京交通运输职业学院在2008年成立了“顶岗实习教学改革项目组”，该项目组取得的教学改革成果得到了企业、专家和学生的认可和好评。

然而，柳老师并没有满足已有的成绩。经过审慎的思考，她对已有的改革和成果进行了进一步的加工，融入了更多的理性思考，出版了《工学整合式教学模式研究》这本专著。

这是一个在职业教育战线一线的教师，在进行教学工作的同时，孜孜不倦地从事教学研究的生动的轨迹。这本专著也是柳老师付出汗水与心血的结晶。

尽管专著在理论高度、规律把握、全球视野等方面还需要有更多的改进，但是，这样一种精神，这样一种行动，是值得广大职业院校教师学习的。她在探索中所取得的成果，将为职业教育教学改革提供经验，同时提供一种改革路径的思考。

祝愿柳老师百尺竿头，更进一步。

姜大源

2014年3月

姜大源，教育部职业技术教育中心研究所研究员，原所长助理，兼任中国职业技术教育学会理事、学术委员会委员。

序　二

职业教育在国家经济社会发展和人民生活改善中都承担着非常重要的作用，大的方面看，嫦娥三号登月、航空母舰下水，小的方面看，人们日常衣食住行，都需要职业教育所培养的有一定技能的各类人才来服务和支持。可以说，没有职业教育的发展，就谈不上国家的改革和创新，也就不可能实现民族的振兴。为此《国家中长期教育改革和发展规划纲要（2010—2020年）》指出，“发展职业教育是推动经济发展、促进就业、改善民生、解决‘三农’问题的重要途径，是缓解劳动力供求矛盾的关键环节，必须摆在更加突出的位置”。中国共产党十八届三中全会通过的《中共中央关于全面深化改革若干重大问题的决定》，更是进一步提出了“加快现代职业教育体系建设，深化产教整合、校企合作，培养高素质劳动和技能人才”的教育改革思路，这些顶层规划和设计为我国职业教育的发展指明了方向。因此，职业教育的研究和实践有了更加和谐的氛围和环境，使职业教育界的同人更加努力，不断进取。

北京交通运输职业学院的柳和玲老师就是其中之一。她2010年申请来到中国教育科学研究院，在我的名下做访问学者。在为期一年的学习生活中，她刻苦向学、虚心求教，把在工作中的思考带到学习中，同时也向职业教育研究界的相关专家请教。她的孜孜不倦的学习也促使我进一步思考，应该说，这是一个相互学习的过程。一年的访问学习结束后，她完成了《工学整合式教学模式研究》的结题报告，这篇报告针对我国中等职业学校顶岗实习阶段教育功能缺失问题进行了研究探索。通过构建顶岗实习教学模式——工学整合式教学模式，从学校、企业、教师和学生四个维度建立工学整合式教学实施方案，为我国中等职业学校在顶岗实习阶段开展工学整合式教学、进行有效教学管理、提高学生顶岗实习质量提供了一定的理论指导和实践示范。经过专家评议一致通过结题并顺利结业。

此后，她没有停止研究和探索，撰写了一系列有关工学整合式实践的教学论文和工学整合式实践的教育文稿，并结集成书。这应该是她这些年开展职业教育研究，尤其是结合本职工作的教学实践进行工学结合探索的小结。虽然本书有些地方还不够完善，但对于一位从事一线教学的教师而言，应该是一个值得祝贺和激励的结果。我们应该鼓励这种不断学习和思考的精神，如果我们职业教育院校的老师们都积极进行类似的研究和思考，不仅能丰富自己的专业素养，提高自己所在学校的教学质量，还能促进我国职业教育的积极健康的发展。愿柳和玲老师的这一研究能为职业教育的教学改革和发展提供一定的参考和借鉴。

吴　霓
2014 年 1 月

吴霓，中国教育科学研究院（原中央教育科学研究所）教育政策研究中心主任，研究员，博士生导师。

序　三

在学生顶岗实习阶段开展工学整合式实践教学是作者北京交通运输职业学院（原北京市交通学校）教师柳和玲进行教育教学改革的一项创新性探索。

变革，是现代教育改革发展的基本特征和存在形式，也是文化建设的动力源泉。根据党的十八大“加快发展职业教育”的精神，进一步落实《国家中长期教育改革和发展规划纲要（2010—2020年）》的要求，职业教育要把提高质量作为重点，以服务为宗旨，以就业为导向，推进教育教学改革，实行工学结合、校企合作、顶岗实习人才培养模式。顶岗实习教学改革是探索职业教育创新发展的重要内容，必将伴随变革这一教育改革的主题不断前进。

对现实问题的诊断是改革的出发点，如何对学生在顶岗实习环节进行有效的教学管理，进而提高学生顶岗实习质量，实现工作与学习的结合，促进学生就业，为学生可持续发展提供方法指导，这是我国职业教育界长期关注的热点问题。顶岗实习教学改革正是针对这一热点问题进行的创新性探索。

顶岗实习教学改革的探索始于2007年9月，北京交通运输职业学院教师柳和玲来到北京师范大学以高级研修学者身份，在导师赵志群教授指导下，研究职业教育课程开发。在学习过程中，柳和玲将所学与工作实践相结合，借鉴德国基于工作过程的学习领域的教学经验，将学生在企业实习的工作过程设计为学习过程。在学院领导的支持下，在2004级两个教学班级开始了顶岗实习教学改革——工学整合式实践教学的探索，逐步构建起工学整合的顶岗实习实践教学模式。

2010年9月至2011年6月，柳和玲来到中国教育科学研究院（原中央教育科学研究所）做访问学者，以“工学整合式教学模式研究”为访学研究课题，在吴霓导师的指导下进行研究工作。完成了工学整合式教学模式的构建，建立了学生、教师、企业、学校四位一体的工学整合式教学实施方案。在访学期间，完成了柳和玲主持的北京市教育科学“十一五”规划重点课题“中等职业学校顶岗实习教学改革研究”研究报告的撰写。

自研究工作伊始，柳和玲在指导实习的工作过程中注重教育理论的实践运用，对顶岗实习教学改革的探索工作不断总结和完善，先后发表了《工学整合式实践教学的探索》《顶岗实习教学创新的探索》《工学整合式教学模式研究》三篇文章，阐明了顶岗实习教学改革的进程，取得了比较系统化的收获。其中《工学整合式教学模式研究》一文，在中国职业技术教育学会职教期刊编辑专业委员会

"第八次全国优秀职教文章"评选中获得三等奖；在教育部职业技术教育中心研究所、中国职业技术教育学会、《中国职业技术教育》编辑部第十三届（2011 年）全国职业教育优秀论文评选活动中荣获三等奖。此后，作者将所发表的文章和研究报告进行归纳和整理，出版了两本著作，即《工学整合式实践教学实施方案》和《中等职业学校顶岗实习教学改革研究》。

工学整合式实践教学的探索获得了企业、专家学者、教师和学生的认可和好评。为了在更多的专业推广应用这一成果，使顶岗实习教学改革项目惠及更多的学生，2008 年 9 月北京交通运输职业学院成立了顶岗实习教学改革项目组，开始在学校的专业领域开展工学整合式实践教学的实践推广工作，将理论与实践紧密结合起来。

顶岗实习教学改革的出发点与归宿是将学生顶岗实习阶段的工作过程设计为学习过程，借鉴德国以工作过程为导向的学习领域的经验，以"学习领域认识"作为学生岗位学习的课程，开展工学整合式实践教学。学习领域认识，这一岗位学习课程的关键特征是以工作任务为中心制定岗位实习的学习内容，使学生掌握工作技术的渠道完全来自工作的过程。让学生通过完成工作任务，学习相关知识与技能，使学与做融为一体，这正是工学整合式实践教学的精髓。

通过学生所在企业、所在岗位的典型工作任务的确定，为学校专业课堂教学的学习领域内容确定提供了基础，学生完成的"学习领域认识"课业可以作为学校教师的教学参考资料，进而丰富教师课堂教学内容，使课堂教学更贴近企业运作实际，有利于实现工学结合的人才培养模式。

顶岗实习教学改革的成果——工学整合式教学模式的构建，为职业院校在顶岗实习阶段进行教学改革、实现"实践育人"提供了载体；为职业院校在顶岗实习阶段对学生进行有效的教学管理，提高顶岗实习质量提供了一个系统化的工具。

工学整合式实践教学既是学校的育人工程，又是企业的员工培训工程，这是双赢互惠的教育合作。通过校企合作，使企业认识到职业教育对企业人才培养的重要性，又增强了学校培养合格职业人才的自觉性，为学校和企业的长期合作奠定了基础。

教育是以滴水穿石的方式产生作用的过程。顶岗实习教学改革是一项充满艰辛的探索工作，在这条探索之路上，作者与北京交通运输职业学院敢为人先，做出了贡献。他们的经验可以成为全国职业院校顶岗实习实践教学的有益借鉴。

雷正光

2014 年 3 月

雷正光，上海市教育科学研究院职成教所研究员。

前　言

教学模式的研究是教学研究方法论上的一种革新。长期以来，人们在教学研究上习惯于采取单一刻板的思维方式，比较重视用分析的方法对教学的各个部分进行研究，而忽视各部分之间的联系或关系。教学模式的研究指导人们从整体上去综合地探讨教学过程中各因素之间的相互作用和其多样化的表现形态，以动态的观点去把握教学过程的本质和规律，同时对加强教学设计、研究教学过程的优化组合也有一定的促进作用。

本书所进行的工学整合式教学模式研究，是以系统的观点，对职业院校实践教学过程探索建立一个完整的教学活动方案，构建的方法是以教学目标、教学内容、教学组织方式和教学评价四个方面为框架；以培养学生职业能力作为工学整合式教学目标；以企业工作任务作为工学整合式教学内容；以企业完整的行动模式作为工学整合式教学组织方式；以理论学习成绩与实际工作表现相结合的评价指标作为工学整合式教学评价的方法。

工学整合式教学模式的探索对于我国职业院校实践教学课程体系的建立具有重要的理论和实践意义。本书以作者在中国教育科学研究院（原中央教育科学研究所）访学报告，以及作者在北京交通运输职业学院进行顶岗实习教学改革中已发表的三篇学术文章为主要内容汇编而成。本书既是一本职业教育理论研究著作，又是职业院校实践教学指导用书，能够为我国职业院校开展教育教学改革提供系统化的实践工具。

目 录

中国教育科学研究院（原中央教育科学研究所）访学研究报告

工学整合式教学模式研究 …… (3)
第一部分 导 言 …… (3)
第二部分 实践教学理论发展沿革 …… (6)
第三部分 课题研究方法 …… (9)
第四部分 课题研究成果 …… (10)
第五部分 研究结论 …… (29)
参考文献 …… (30)
附件一 教师指导手册 …… (31)
附件二 学生学习手册 …… (38)
附件三 学生作业范例 …… (42)

工学整合式实践教学论文

工学整合式实践教学探索 …… (61)
On Teaching Approach of Work-integrated Learning …… (71)
顶岗实习教学创新的探索 …… (84)
工学整合式教学模式研究 …… (96)
On the Work-learning-integrated Teaching Model …… (111)

工学整合式实践教学探索集萃

工学整合式教学模式构建的理论基础与方法 …… (129)
学习社会主义核心价值体系的体会 …… (131)
企业对顶岗实习改革的评价 …… (136)

后 记 …… (138)

中国教育科学研究院(原中央教育科学研究所)访学研究报告

工学整合式教学模式研究

第一部分　导　　言

职业教育作为教育发展中的一个类型，肩负着向生产、建设、服务和管理第一线培养与输送技能型人才的使命。其特殊的教育类型和特定的培养目标决定了实践教学体系在人才培养过程中的重要作用。实践证明，顶岗实习以其工作岗位的真实性、工作环境的复杂性、工作经历与体验的综合性成为职业院校实践教学体系不可缺少的重要环节。

教育部《关于职业院校试行工学结合、半工半读的意见》（教职成〔2006〕4 号）中明确指出：进一步深化职业教育教学改革，大力推行工学结合、校企合作的培养模式。职业院校要坚持以服务为宗旨，以就业为导向的职业教育办学方针。中等职业学校在校学生最后一年要到企业等用人单位顶岗实习。高等职业学校实习实训时间不少于半年。切实加强实践教学，创新有利于培养和提高学生职业技能的教学方法。《国家中长期教育改革和发展规划纲要（2010—2020 年）》中明确指出：职业教育要把提高质量作为重点，以服务为宗旨、以就业为导向，推进教育教学改革。实行工学结合、校企合作、顶岗实习人才培养模式。

由此看来，顶岗实习是中等职业学校一项重要的实践教学活动，是工学结合人才培养模式的重要组成部分，是培养学生综合职业能力的重要实践教学环节。

但是，由于对顶岗实习阶段的教育功能缺乏正确的认识，很多中等职业学校都将顶岗实习视为准就业，将其纳入学校的就业工作来实施；学生和家长把顶岗实习理解为就业；企业把顶岗实习理解为新员工的试用期，以此来降低企业用工成本。而企业实习内容与学校专业教学内容又存在一定差距，这就不可避免地形成所学与所用无法有效对接，学不致用，由此导致的厌学情绪、读书无用观念冲淡着学校里的学习气氛。学校对学生实习中掌握的技能状况没有系统的考核办法，实习期满，学生常常抄袭一份毕业论文应付了事。这种现象是当前众多中等职业学校共有的教育缺陷，即顶岗实习阶段的教育功能没有得到充分发挥和具体体现。

本课题针对中等职业学校顶岗实习阶段教育功能缺失问题，进行中等职业学校顶岗实习教学改革的研究探索，构建顶岗实习教学模式——工学整合式教学模式，为中等职业学校在顶岗实习阶段开展工学整合式教学，进行有效教学管理，提高学生顶岗实习质量提供理论指导和实践示范。

一、研究目标

构建顶岗实习教学模式——工学整合式教学模式，建立工学整合式教学实施方案，为我国中等职业学校顶岗实习阶段开展工学整合式教学，进行有效教育教学管理，提高学生顶岗实习质量提供系统化的工具。

二、研究假设

本课题的研究假设是：在顶岗实习阶段构建工学整合式教学模式，开展工学整合式教学，是中等职业学校大力推进教学改革、对实习环节进行有效教学管理、提高学生顶岗实习质量的重要措施，是密切学校和企业合作、提高学生就业竞争能力的一条有效途径。

三、研究内容

1. 基本概念的界定

①工学整合：工作与学习的一体化。

②工学整合式学习[①]：工作和学习一体化的岗位学习，其学习过程在时间和空间上与工作过程是一体化的。

③工学整合式教学：将工作过程设计成学习过程，进行工作与学习一体化的教学组织。

④教学模式：教学模式是在一定的教学思想或教学理论指导下，为实现特定的教学目标，建立起来的比较稳定且简明的教学结构理论框架及其具体可操作的教学活动方案。

⑤工学整合式教学模式：是在工学整合教学思想指导下建立的工作与学习一体化的实践教学活动方案。

2. 研究内容

本课题从工学整合式教学模式的价值取向、内容、应用和教育教学效果四个维度对工学整合式教学模式进行研究。

① 赵志群．职业教育与培训学习新概念［M］．北京：科学出版社，2003：157.

第二部分　实践教学理论发展沿革

顶岗实习是中等职业学校一项重要的实践教学活动，目前世界上已经建立的实践教学模式主要包括以下几种。

1. 过程功能教学模式①

过程功能教学模式是以认知心理学为理论基础建立的实践性学习教学模式。

在过程功能教学模式中，教学的组织中心是过程功能，知识联结的关键点是过程与活动。正是通过活动，技术知识的意义才得以建构。图 2－1 显示了过程功能与活动、内容和教学的关系。

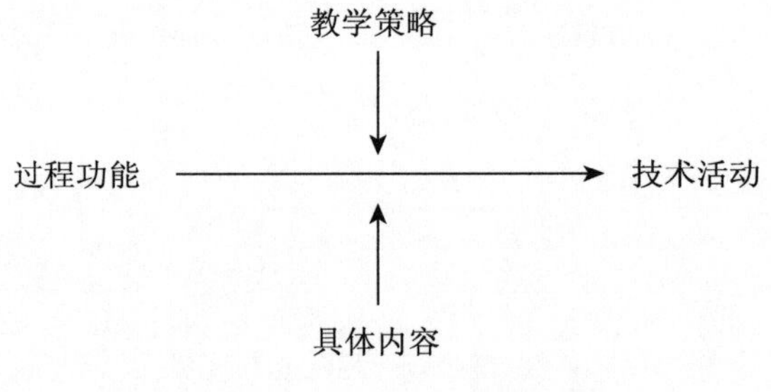

图 2－1　过程功能教学模式

2. 问题解决教学模式②

问题解决教学模式以发展问题解决能力为重要目标，基于技术理论对职业教育重要影响的教育观点上提出的，包括提出问题解决教学的七步法。

①仔细、彻底地明确问题。

---

① 徐国庆．实践导向职业教育课程研究［M］．上海：上海教育出版社，2005：275.

② 徐国庆．实践导向职业教育课程研究［M］．上海：上海教育出版社，2005：276.

②建立问题解决的标准，明确要实现的目标、可能的限制以及预期的后果。

③研究可能的解决方案。

④使用“头脑风暴法”，寻找尽可能多的解决方案。

⑤根据②列出的标准，筛选出可接受的或有前途的解决方案，并加以完善。

⑥建立一个或多个工作模式，并加以实施。

⑦评价最终结果。

3. 认知学徒模式①

认知学徒模式是传统学徒制与现代认知理论的结合，它采用了大量传统学徒制中的教学策略，但强调所学习的是认知技能，而不是动作技能。在教学程序上，主要由三个步骤构成：①示范，即师傅给学徒示范；②训练，即师傅在工作任务中通过给学徒提供线索，并在必要时提供反馈对学徒进行训练；③隐退，即当学徒的技能越来越熟练时，师傅给予学徒越来越大的对任务的控制权，自己则逐渐隐退。

以上三种模式都未对教学内容、教学组织方式和评价方法有一个整体的建设构想。而本课题所建立的工学整合式教学模式，以更好的完整性以及系统的教学内容、教学组织方式和评价体系，使之可认识、可操作。

德国的“双元制”职业教育模式在世界上享有很高的声誉，并对德国第二次世界大战后经济腾飞起到了有力的促进作用。我国自 1980 年首次引进德国“双元制”模式至今，在 30 多年的理论研究和实验探索中，不仅取得了一定的人才教育成果，同时还为我国的职教改革提供了不少新思路。

“双元制”课程体系包括实践课程计划和理论课程计划两部分。“双元制”课程结构是以双元制形式体现的，一元是以企业为主的技能培训课程；另一元是以职业学校为主的理论教学课程。如图 2－2 所示。

---

① 徐国庆．实践导向职业教育课程研究［M］．上海：上海教育出版社，2005：278.

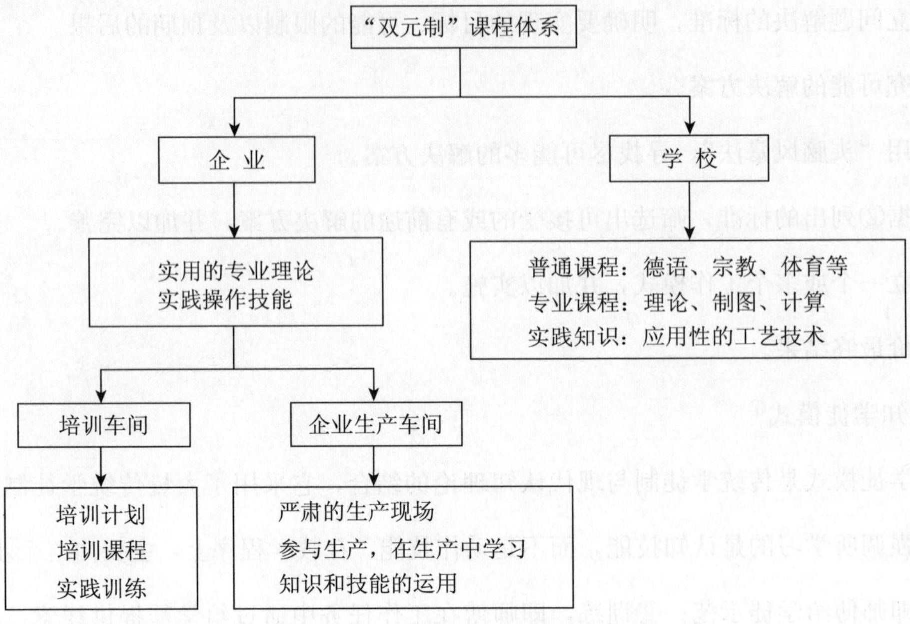

图 2－2 "双元制"课程体系①

但由于中德两国国情观念差异、文化背景不同以及一些主观和客观上的因素，使得德国"双元制"模式在我国各地区的实施过程中存在着不同程度的问题。

正是为了获取德国"双元制"职业教育模式建立的完整课程体系的优势，同时也是为了"双元制"能够"落地生根"，更好地适应中国社会教育制度，本课题构建的工学整合式教学模式在我国学者研究的基础上力求使"双元制"进一步得到发展。

① 雷正光．职教课程实务概论［M］．北京：中国科学技术出版社，2000：247.

第三部分 课题研究方法

本课题的研究方法包括文献研究、理论研究和准实验研究。

①文献研究。主要用于收集教学论、心理学、教育学等领域的大量相关研究成果，并以与中等职业学校顶岗实习阶段实践教学问题为中心加以整合，运用其理论来分析职业学校顶岗实习教学环节中的问题。

②理论研究。以课程理论为指导，构建工学整合式教学模式。

③准实验研究。本课题使用准实验设计方法来研究中等职业学校在顶岗实习阶段开展工学整合式教学对学生顶岗实习质量的影响。这个研究分三步进行。

第一步：选择进行对比的整形与涂装专业的实习班级（07 BASF）班和（07 奔腾）班。其中，（07 BASF）班是实习改革实验班，毕业环节需要完成的作业是“学习领域认识”；而（07 奔腾）班作为普通班，不参加实习改革实验，毕业环节完成的作业是撰写毕业论文。

第二步：设计四项质量指标，包括合格率、优秀率、全体学生进步幅度和就业率，对两个组的学生分别进行考量（见表 3 - 1）。

第三步：对两个组学生的考量成绩进行分析对比得出结论。

表 3 - 1　　两个组学生对比分析

对比组	质量指标			
	合格率	优秀率	全体学生进步幅度	就业率
实验班级（07 BASF）				
普通班级（07 奔腾）				

第四部分 课题研究成果

一、工学整合式教学模式构建的价值取向

工学整合式教学模式是在工学整合教学思想指导下建立的工作与学习一体化的实践教学活动方案。以促进社会发展的同时促进学生个人的发展作为工学整合式教学模式建构的价值取向。

工学整合式教学模式的构建，为职业院校在顶岗实习阶段开展工学整合式教学提供系统化的工具；工学整合式教学的实施为学生在工作实践中掌握劳动工具的使用、获得相宜的工作方法、善于与其他员工协作，进而完成自己岗位的工作任务，成为一名职业人提供一种有效的指导；同时实施工学整合式教学为学生实现从“新手”到“进步的初学者”的过渡、为学生今后的转岗或再就业提供长效的学习工具，为学生的可持续发展铺就前进道路。

工学整合式教学模式建构的基本原则①包括以下几个方面。

①科学性。以科学发展观的思想为指导，以严谨求实的态度进行工学整合式教学模式的建构。

②双主体性。教学中的核心要素包括“教师”和“学生”。工学整合式教学模式的建构必须要充分考虑教师与学生的需求，凸显教师与学生的主体性。

③可操作性。工学整合式教学模式的建构必须具有教强的操作性，易于传授给一线教师，使他们可以在实际教学中得以运用。

① 雷正光．职业教育教学模式创新研究［M］．南京：南京大学出版社，2010：73.

④简约性。工学整合式教学模式的建构应当简洁易懂。

⑤整体性。工学整合式教学模式的建构必须具有严密的结构和系统，具有独立体系结构。

二、工学整合式教学模式的内容

工学整合式教学模式的结构框架包括四个方面，即工学整合式教学目标、教学内容、组织方式和成果评价。如图 4－1 所示。

①工学整合式教学教学目标。

②工学整合式教学教学内容。

③工学整合式教学组织方式。

④工学整合式教学成果评价。

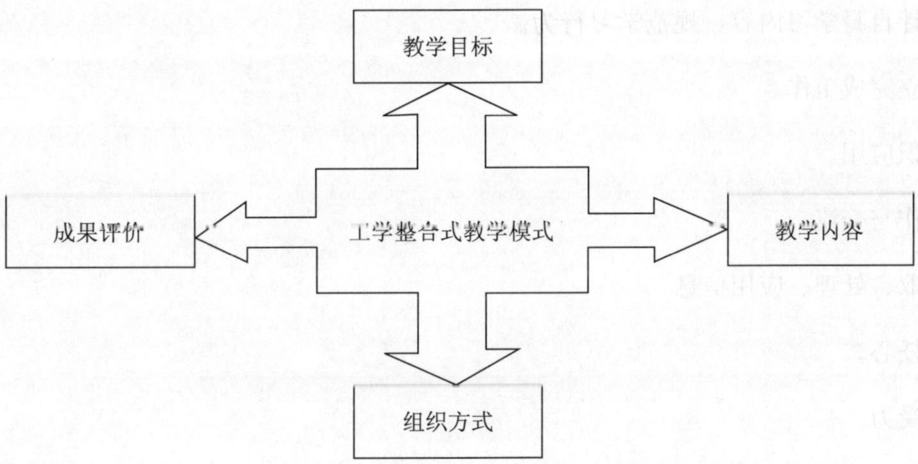

图 4－1　工学整合式教学模式的结构框架

以上四个方面是相互依赖、不可分割的关系。确定教学目标是工学整合式教学的关键步骤。因为教学目标的确定是教学内容和教学策略选择的基础，它们共同组成了教与学的结构，并为评价教育计划是否成功提供依据。

1. 工学整合式教学教学目标

培养学生的职业能力是工学整合式教学的核心目标。学生的实习岗位不同，目标的具体内容也各不相同。

（1）职业能力的概念

职业能力是指从事某一项职业所必需具备的能力，包括与具体职业密切相关的专业能力、方法能力和社会能力①。

①专业能力：具备从事职业活动所需要的技能及与其相应的知识，包括单项和综合的技能与知识。

②方法能力：具备从事职业活动所需要的工作方法和学习方法，包括制订工作计划的步骤、解决实际问题的思路、独立学习新技术的方法、评价工作结果的方式等。

③社会能力：具备从事职业活动所需要的行为能力，包括人际交往、公共关系、职业道德、环境意识。

（2）职业能力的具体内容

职业能力的具体内容可以描述为以下七个方面。

①设计自身学习内容，规范学习行为。

②独立完成工作。

③知识应用。

④合作与交流。

⑤获取、处理、应用信息。

⑥责任心。

⑦承受力。

2. 工学整合式教学教学内容

开展工学整合式教学，培养学生的职业能力，需要一个相适应的内容载体。德国的学习领域课程是理论与实践一体化的一种课程模式，它为学生进行岗位学习提供了层次丰富、结构完整的一系列学习工具。由此，以德国学习领域课程作为工学整合式教学的内容载体，并根据学生到企业顶岗实习的具体状况，对课程内容适当修改调整，使调整后的学习领域课程作为工学整合式教学的内容（见表 4－1）。

① 姜大源．当代德国职业教育主流教学思想研究［M］．北京：清华大学出版社，2007：24.

学习领域课程的学习是围绕企业的典型工作任务进行的。

典型工作任务描述的是一项专门的具体工作，学生围绕典型工作任务进行学习，学习企业的工作过程、实践技能、技术理论，了解企业文化、组织结构、设备（见图 4－2、图 4－3），从而实现工作与学习的融合，理论与实践的融合，专业能力、方法能力和社会能力的融合。

以典型工作任务为中心，制订顶岗实习学习领域课程计划。使学生掌握工作技术的渠道，完全来自工作的过程。让学生通过完成工作任务，学习相关知识，使学与做融为一体，这正是工学整合式教学的精髓。

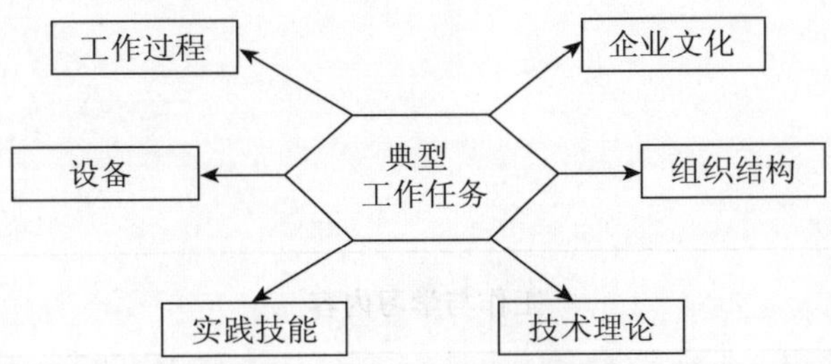

图 4－2　工学整合式教学内容

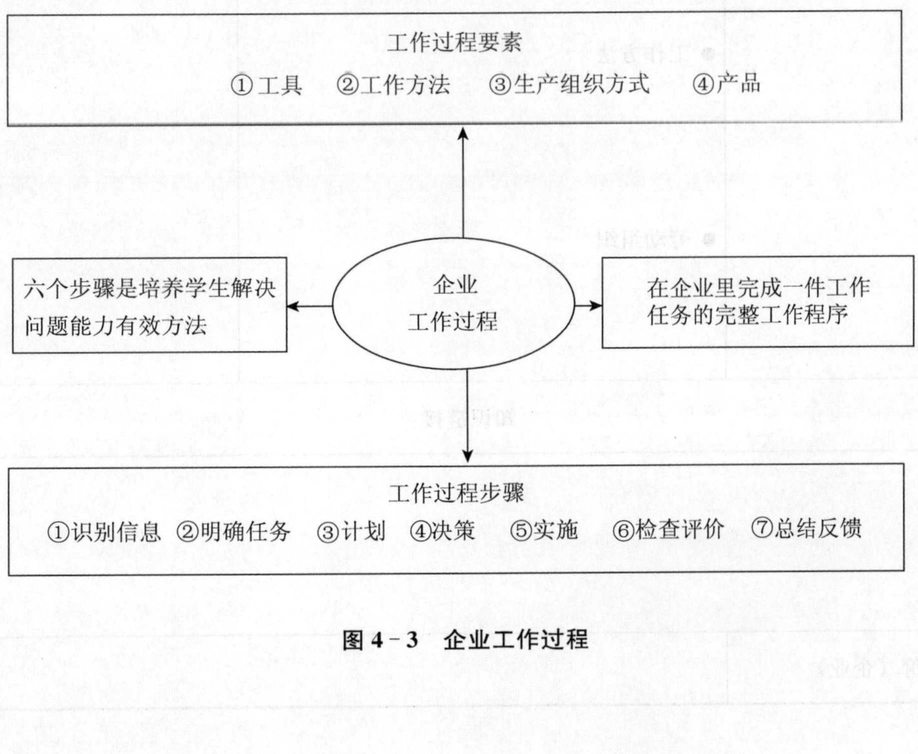

图 4－3　企业工作过程

表 4-1　　顶岗实习学习领域课程

<table>
<tr><td>专业名称</td><td>典型工作任务名称</td><td>实习时间</td></tr>
<tr><td></td><td></td><td>周</td></tr>
<tr><td colspan="3">典型工作任务描述</td></tr>
<tr><td colspan="3"></td></tr>
<tr><td colspan="3">学习目标</td></tr>
<tr><td colspan="3"></td></tr>
<tr><td colspan="3">工作与学习内容</td></tr>
<tr><td>● 工作对象</td><td>● 工具

● 工作方法

● 劳动组织</td><td>● 工作要求</td></tr>
<tr><td colspan="3">知识链接</td></tr>
<tr><td colspan="3"></td></tr>
<tr><td>评价（企业）</td><td colspan="2"></td></tr>
</table>

3. 工学整合式教学组织方式

根据学生实习岗位的具体工作任务确定典型工作任务名称，以企业完整的行动模式作为工学整合式教学的组织方式，进行工学整合式教学。

企业完整的行动模式包括六个步骤（见图 4－4）。

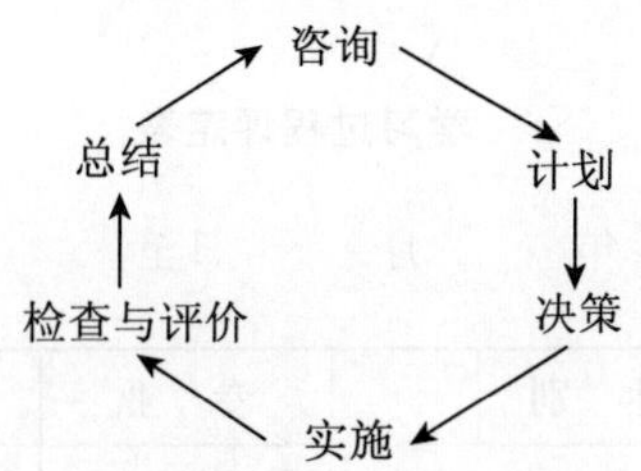

图 4－4　工学整合式教学组织方式[①]

①咨询：分析教学任务要求、收集完成教学任务需要的各种信息。

②计划：确定完成工作的途径，可以制订几个不同的教学方案。

③决策：在制订的教学方案中确定一个。

④实施：按照计划开展教学。

⑤检查与评价：对教学过程进行检查和评价。

⑥总结：对教学过程进行总结。

以上六个步骤，是通过让学生亲身参与解决真实的学习问题获取知识，提高学习能力。

学生在解决问题的过程中可借鉴的资料包括：教科书、专业词典和其他工具书；企业信息材料和工作安排资料；机器、设备和工具的使用说明等。

4. 工学整合式教学成果评价

评价学习结果是考核教学内容是否达到实际预期的重要一环。因此，评价工作实质上是确定课程与实际达到目标程度的差距。

工学整合式教学的评价方法是以企业、学校和实习学生三方共同参与学习结果的评定，评价结果的权重比例是：企业占 50%，学校占 30%，学生占 20%；评价指标包括过程性评价指标和终结性评价指标。

① 姜大源．当代德国职业教育主流教学思想研究［M］．北京：清华大学出版社，2007：225.

(1) 过程性评价指标

过程性评价指标包括三个方面：专业能力、方法能力和社会能力。其中每项指标设定四项考核内容，考核方式采用过程控制方法，每月考核一次，最后以全年的平均成绩作为学生岗位学习的最终成绩，评价指标如表 4－2 所示。

表 4－2　　学习过程评定表

考核时间：　　年　　月　　日至　　年　　月　　日

姓 名		性 别		专 业									
考 核 内 容		1	2	3	4	5	6	7	8	9	10	11	12
专业能力	是否依照标准服务要求和操作流程进行工作												
	工作效率与熟练程度是否较上期有明显进步												
	是否对岗位工作的技术钻研保持积极热情态度												
	是否能够运用理论知识解决实际问题												
方法能力	在正确选择与使用工具上是否有进步												
	是否具有举一反三运用知识的能力												
	处理问题是否具有灵活机动性												
	是否具有计划、评估工作的能力												
社会能力	是否恪守公司各项规章制度												
	是否积极与同事进行工作沟通，同事关系是否融洽												
	劳动态度是否积极，是否服从工作安排，是否保持昂扬的精神面貌												
	是否具有安全意识												
总 分													
考核者													
标准：优 5 分、良 4 分、中 3 分、差 2 分、劣 1 分					总 分								

核准：　　　　审核：　　　　制表：

(2) 终结性评价指标

终结性评价指标包括两个方面：一是评价完成课程的作业质量，二是针对实际岗位的工作状态，评价其学习效果，评价表如表 4－3 所示。

表 4－3　　学习结果评定表

<table>
<tr><th colspan="3" rowspan="2">评价指标</th><th rowspan="2">分值（分）</th><th colspan="3">评　分</th><th rowspan="2">合　计</th></tr>
<tr><th>学生（20%）</th><th>教师（30%）</th><th>企业（50%）</th></tr>
<tr><td rowspan="5">学习领域认识</td><td colspan="2">学习态度</td><td>10</td><td></td><td></td><td></td><td></td></tr>
<tr><td colspan="2">格式规范</td><td>10</td><td></td><td></td><td></td><td></td></tr>
<tr><td rowspan="3">知识链接</td><td>基础知识</td><td>10</td><td></td><td></td><td></td><td></td></tr>
<tr><td>关联知识</td><td>10</td><td></td><td></td><td></td><td></td></tr>
<tr><td>专业知识</td><td>10</td><td></td><td></td><td></td><td></td></tr>
<tr><td rowspan="5">学习成果</td><td colspan="2">独立完成工作</td><td>10</td><td></td><td></td><td></td><td></td></tr>
<tr><td colspan="2">工作态度</td><td>10</td><td></td><td></td><td></td><td></td></tr>
<tr><td colspan="2">知识应用</td><td>10</td><td></td><td></td><td></td><td></td></tr>
<tr><td colspan="2">合作交流</td><td>10</td><td></td><td></td><td></td><td></td></tr>
<tr><td colspan="2">安全意识</td><td>10</td><td></td><td></td><td></td><td></td></tr>
<tr><td colspan="3">合　计</td><td>100</td><td></td><td></td><td></td><td></td></tr>
<tr><td colspan="3">评分标准</td><td colspan="5">优：9～10 分、良：7～8 分、中：5～6 分、差：3～4 分、劣：1～2 分</td></tr>
</table>

三、工学整合式教学模式的应用

工学整合式教学模式是一种实践教学活动方案，它既可以应用在职业技术院校的顶岗实习教学环节，也可应用在校内实训教学阶段。

本课题以中等职业学校顶岗实习环节如何以工学整合式教学模式为指导，实施工学整合式教学来说明工学整合式教学的应用。

（一）四维模型

以系统方法为指导，建立四维模型（见图 4－5），从学校、企业、学生和教师四个维度开展工学整合式教学。

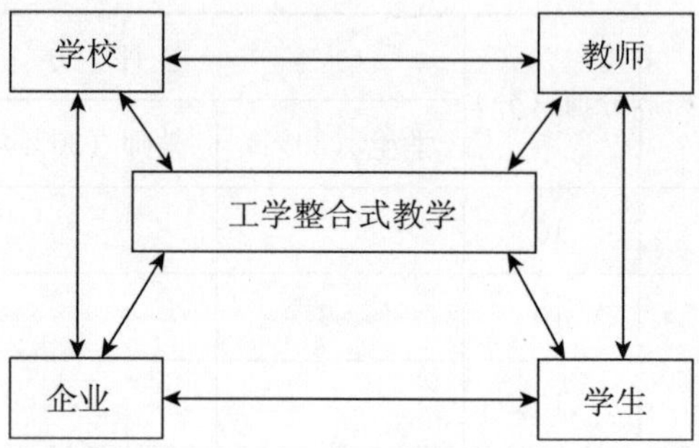

图 4－5　四维模型

（二）实施方法

工学整合式教学的开展应分为实习前培训、实习中指导和实习后总结三个阶段（见图 4－6）。

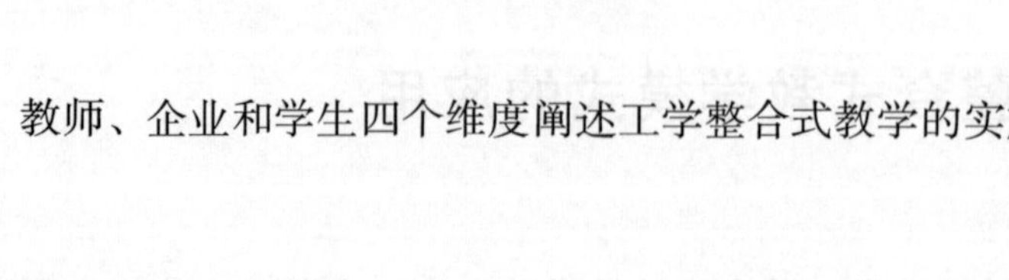

图 4－6　实施流程

下面就从学校、教师、企业和学生四个维度阐述工学整合式教学的实施。

1. 学校维度

（1）组织建设

顶岗实习教学管理是一项复杂的工作，需要专门的机构进行管理和实施。学校应成立“顶岗实习管理中心”职能机构，整合学校各方资源，为全校所有专业开展工学整合式实践教学提供全面的方法指导，同时促进学校顶岗实习管理工作的提升。

组织方式可以采用矩阵形式，如图 4-7 所示。

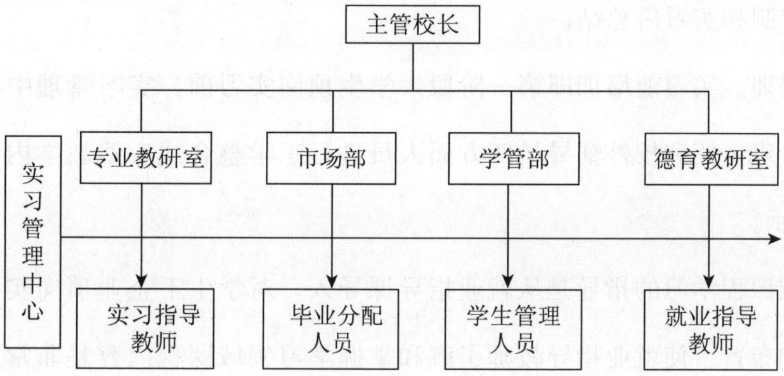

图 4-7　组织结构

(2) 建立校外辅导员制度

①创新顶岗实习管理模式。对于与学校合作、接收学生实习的企业，应负责推荐校外辅导员，配合学校对学生实习期间的学习与工作给予指导，即建立校外辅导员制度。

建立校外辅导员制度可以集合学校教师与企业辅导员的合作优势，共同承担对学生的实习指导任务。包括共同制定培养目标和培养规划，共同指导学生进行学习领域课程学习，共同对学生的学习成果进行评价。

学校对企业推荐的校外辅导员进行审核，对于审核合格的校外辅导员发给正式的聘书。

建立校外辅导员制度改变了过去由学校实习指导教师对实习生单一进行管理的状况，可以说，创建学校和企业共同对实习生进行管理的新模式是工学整合式教学开展的基本前提。

②确定选聘校外辅导员的标准。学校选聘校外辅导员的基本标准主要包括以下三个方面：

第一，辅导员所在企业是学校的长期合作伙伴。

第二，企业择优推荐。

第三，辅导员具有较强的责任心和较高的技术能力。

③建立校外辅导员管理办法。对于给予学生认真指导的校外辅导员应给予适当的课酬补助，在学生实习结束时，进行优秀校外辅导员的评选，对于当选的优秀校外辅导员，学校给予表彰和物质奖励。

(3) 教学管理

学校对于学生实习的教学管理可以分为四条线索，三个阶段实施。四条线索是专业教研室的专业指导教师、校外辅导员、德育教研室的就业指导教师和班主任；三个阶段为实习前培训、实习中控制和实习后总结。

①实习前培训。实习前培训即第一阶段，学生顶岗实习前，实习管理中心对就业指导教师、专业教师、班主任和校外辅导员四方面人员进行工学整合式实践教学内容培训。培训计划如表 4－4 所示。

对学习领域课程学习的指导是从就业指导课导入，对学生下企业顶岗实习要完成的学习任务进行教学和布置。使就业指导教师了解和掌握学习领域课程内容是非常关键的一项培训内容。

学生在企业实习期间的学习指导由专业教师和校外辅导员共同实施。专业教师和校外辅导员对学习领域课程的内容和指导方法的掌握是关键的。

班主任是学生的管理者，掌握学生实习阶段需要完成的学习任务，是他们对学生进行有效管理的基础。

表 4－4　　培训计划

培训教师	培训对象	培训内容	教学方法
实习管理中心人员	专业指导教师	(1) 工学整合式实践教学方案介绍；(2) 学习领域课程讲解；(3) 学习领域课程教学指导方法	(1) 四步教学法；(2) 案例教学法；(3) 项目教学法
	就业指导教师		
	班主任		
	校外辅导员		

• 工学整合式教学方案介绍。

• 学习领域课程讲解。

学习领域课程讲解的内容包括：①目标；②形式；③内容；④学习媒体；⑤评价方法。

• 学习领域课程教学指导方法。

• 学习领域课程学习流程图（见图 4－8）。

• 学习领域课程表格讲解（见表 4－1）。

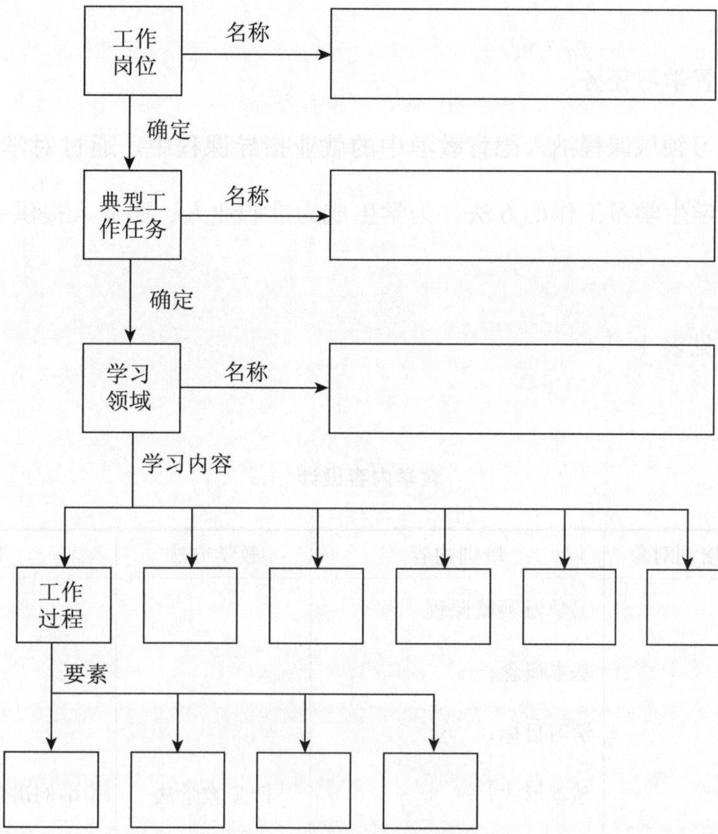

图 4－8　学习领域课程学习流程

②实习中指导。实习中指导即第二阶段，实习过程中顶岗实习教学管理中心对专业指导教师、校外辅导员指导情况的定期检查是这一时期工作的主要内容。检查途径包括：到企业工作现场检查、收取学生作业检查教师指导效果、通过每月返校召开的学习交流会检查指导质量。

③实习后总结。实习后总结即第三阶段，实习结束时，由学校方面和企业方面共同组成联席评审小组，对工学整合式实践教学效果进行评价，对优秀校外辅导员、优秀专业指导教师、优秀班主任、优秀实习生进行表彰奖励。

上述这三个阶段，既相对独立，保持各个阶段各自独立的工作内容，又前后接应连缀成一体，构成一个完整的工作链。

2. 教师维度

工学整合式教学的实施按照实习前布置学习任务、实习中进行指导、实习后总结三个阶段进行。

（1）实习前布置学习任务

将实习阶段学习领域课程纳入德育教学中的就业指导课程中，通过对学生进行学习领域课程的指导，教会学生学习工作的方法，为学生成为准职业人、职业人提供一条科学的途径、一种科学的方法。

①教学内容（见表 4－5）。

表 4－5　　教学内容设计

培训教师	培训对象	培训内容	教学方法	教学步骤
实习管理中心人员	学生	①学习领域课程 基本概念； 学习目标； 基本形式； 学习内容； 学习媒体； 学习成果评价方法	四步教学法	①举例讲解岗位学习流程图
		②学习领域课程、学习流程图讲解	案例教学法	②讲解学习领域课程形式——学习领域表
		③学习领域课程表格讲解	案例教学法	③讲解表格填写方法
		④完成工作的六个步骤	案例教学法	④讲解理论知识和实践知识的建构方法——任务中心式。任务中心式是以工作任务为中心来组织技术理论知识和技术实践知识的课程内容组织模式
				⑤介绍完成工作的六个步骤

②教学步骤。

• 举例讲解岗位学习流程图（见图 4－9）。

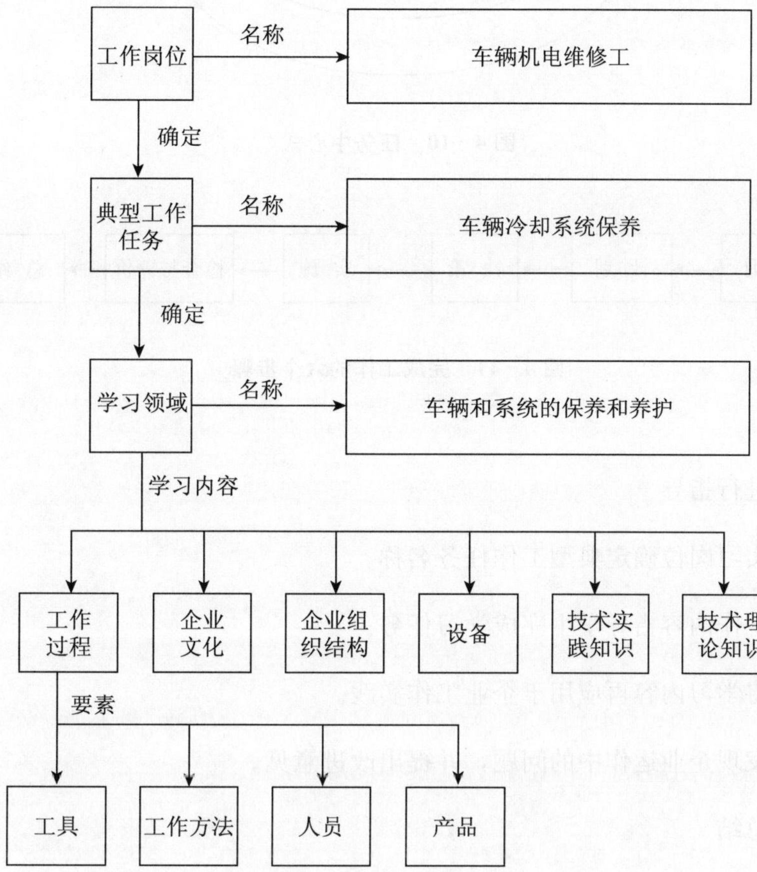

图 4－9　学习领域课程学习流程

• 讲解学习领域课程形式——学习领域表。

• 讲解表格填写方法。

• 讲解理论知识和实践知识建构方法——任务中心式（见图 4－10）。

• 介绍完成工作的六个步骤（见图 4－11）。

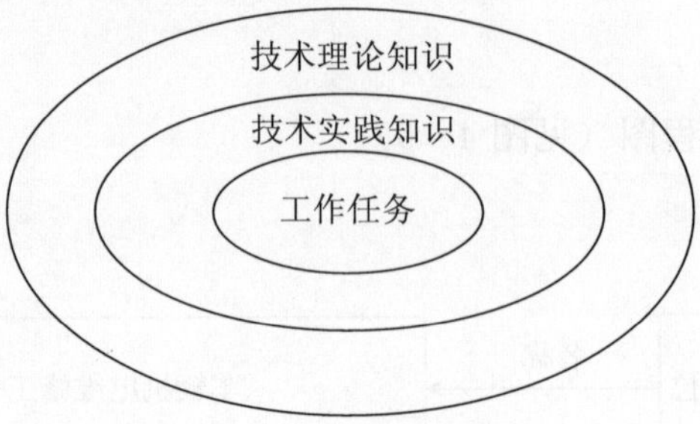

图 4－10　任务中心式

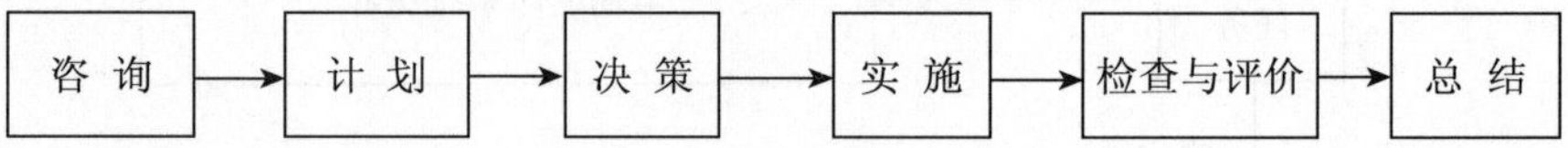

图 4－11　完成工作的六个步骤

（2）实习中进行指导

①根据学生实习岗位确定典型工作任务名称。

②根据学生工作内容指导学生完成学习任务。

③指导学生将学习内容再应用于企业工作实践。

④指导学生发现企业运作中的问题，并提出改进意见。

（3）实习后总结

实习结束后，对学生的学习任务完成情况和在企业中的表现进行总结。

①每名学生进行答辩，学校教师和企业辅导员共同参加。

②对学生学习任务完成情况、实习表现和答辩情况进行综合评价，给予毕业成绩，同时对在实习中表现优异，学习任务完成优异、答辩优异的学生进行表彰。

3. 企业维度

（1）实习前培训

实习学生到企业后，企业人力资源部门应向实习学生介绍企业历史、企业文化、企业经营环境、学习目标、岗位要求、安全事项。

（2）实习中指导

①工作过程指导。工作过程指导包括两个方面。第一，讲解工作过程要素：工具、工作

方法、人员和产品。第二，讲解工作对象和工作要求。

②知识和技能指导。知识和技能指导主要是讲解完成工作任务的基本知识和技能。

(3) 实习后总结

实习后进行实习指导工作总结。

4. 学生维度

培养学生的职业能力是顶岗实习教学改革的目标。对于学生职业能力的培养分为三个阶段进行，第一个阶段分析、总结和掌握企业运作流程；第二个阶段围绕工作任务学习实践知识和理论知识；第三个阶段是按照六个步骤进行实际问题的解决，实现实践知识和理论知识的整合。通过这三个阶段的学习，帮助学生获得职业能力的提高（见表4-6）。

表4-6　实习指导内容

培训教师	培训对象	培训内容	教学方法
专业指导教师	学生	①企业运作流程	四步教学法
		②围绕工作任务学习实践知识和理论知识	案例教学法
		③用六个步骤解决实际问题的训练	案例教学法

(1) 实习前认知学习任务

实习前学习学习领域课程内容，对顶岗实习学习领域课程内容有一个初步的认知是这个阶段的学习任务。

(2) 实习中分阶段完成学习领域课程。

第一阶段：工作岗位的认知。

第二阶段：围绕工作任务学习实践知识和理论知识。

第三阶段：用完整工作过程的六个步骤进行实际问题的解决。

学生每两周填写一次表格，同一岗位不断深化，如果换岗位，完成不同岗位的学习内容。每两周学生给自己在学习过程评价表中打一次分，检查自己工作中的不足，及时改进。

(3) 实习后总结

学生实习后要进行学习总结，总结学习收获，完成毕业设计，并进行答辩。

四、工学整合式教学模式应用的教育教学效果

通过两组实验数据的计算，得出07 BASF班比07奔腾班的优秀率高出20%，而全体学生进步幅度（对企业工作的认知水平）高出30%（见表4－7）。

表4－7　两组学生对比分析结果

对比组	质量指标			
	合格率（%）	优秀率（%）	全体学生进步幅度（%）	就业率（%）
实验班级（07 BASF）	100	20	80	90
普通班级（07 奔腾）	100	0	50	90

通过实验研究分析出在中等职业学校顶岗实习阶段开展工学整合式教学具有重要的现实意义。

工学整合式教学是一项校企合作计划，开展工学整合式教学可以有效地实现学校、企业、教师和学生的有机整合。工学整合式教学的内容载体是学习领域课程。学习领域课程为校企合作建立了一个平台，学校和企业共同对学生进行教学指导和实习管理。学生学习学习领域课程的效果检验是学校对实习指导教师进行管理的一个有效工具。

开展工学整合式教学，使学生带着明确的目标去实习、去学习，有了努力的方向，提高了实习的效率和质量。学生们来自企业一线的学习资料又可成为教师教学的第一手资料，教师在指导学生完成实习课程的学习过程中，获得了有益的启示。开展工学整合式教学使学校、企业、教师和学生四方受益，使学生实习有目标、有方向，提高了顶岗实习质量，使教师对学生的指导有依据，收获的具体内容表现为几个方面。

（一）开展工学整合式教学对学生的意义

1. 促进了学生综合职业能力的提高

学生通过一个学习领域课程的学习和实践，能够熟悉实习企业的工作过程，掌握所在岗

位的工作方法、技能技巧，通过完成工作任务，学习相关的技术本领，丰富理论知识。

学习中关于工作信息的获取、工具的选择、工艺过程的制订、工作步骤的确定，项目任务的实施以及项目成果的评价等都以学生为主体展开，经过多次反复培训、指导，有效地培养了学生的综合职业能力，使学生的自学能力、与人合作能力、工作能力都得到了提高。

2. 为学生终身学习提供一种方法指导

工学整合式教学，使学生在岗位实习中学习掌握工作技能要领的一套方法，即从企业的工作过程入手，通过工作人员、工具、产品和工作行动，基本组成要素学会如何工作（见图4-12）。

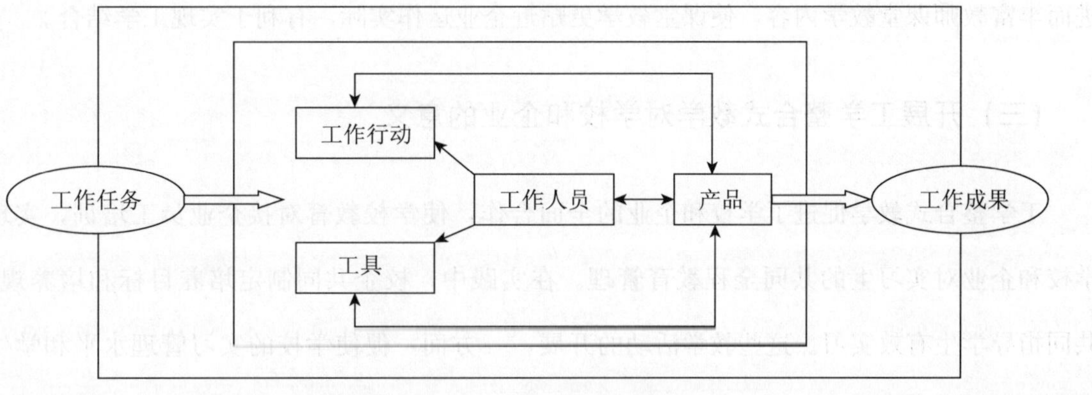

图 4-12　工作过程组成要素①

工作过程是指在企业里完成一件工作任务而进行的一个完整的工作程序。不同企业的工作过程都是工作人员、工具、产品和工作行动这几个要素在特定的工作环境中相互作用和相互协调，并按照一定的时间和空间顺序，使其达到要求的工作成果。

通过工学整合式教学，学生在工作实践中掌握劳动工具的使用方法、获得相宜的工作方法，善于与其他员工协作，进而完成自己岗位的工作任务，逐步实现从“新手”到“进步的初学者”的过渡。同时，为学生今后的转岗或再就业提供长效的学习工具，为自身的可持续发展铺就前进道路。

工学整合式教学为学生岗位学习提供了一种方法指导，即围绕典型工作任务，学习企业

① 赵志群．职业教育与培训学习新概念［M］．北京：科学出版社，2003：98.

的文化、组织结构、工作过程、工作环境，从而实现工作与学习的整合，理论与实践的整合，专业能力、方法能力和社会能力的整合。

通过工学整合式实践教学，使学生认识到掌握知识只是手段，最终目的是有效地完成工作任务。

（二）开展工学整合式教学对教师的意义

工学整合式教学为学校的课程开发提供了教学素材，为教师的课程改革提供了一手资料。

通过学生所在企业、所在岗位的典型工作任务的确定，为学校专业课堂教学的学习领域内容的确定提供了基础，学生完成的学习领域课程内容可以作为学校教师的教学参考资料，进而丰富教师课堂教学内容，使课堂教学更贴近企业运作实际，有利于实现工学结合。

（三）开展工学整合式教学对学校和企业的意义

工学整合式教学促进了学校和企业的全面合作，使学校教育对接企业员工培训，实现了学校和企业对实习生的共同全程教育管理。在实践中，校企共同制定培养目标和培养规划，共同指导学生有效实习。这些教学活动的开展，一方面，促使学校的实习管理水平和学生实习质量得以提高；另一方面，又极大地增强了企业参与学校教育教学的积极性和责任感。因为合作过程，企业认识到学校实际上是在为企业培养合格的后备力量，学校已经成为企业的人力资源库。校企共同合作能够为企业培养一批能力强、适应面宽、技能扎实、知识全面的合格员工。

工学整合式教学既是学校的育人工程，又是企业的员工培训工程，这是双惠互赢的教育合作。通过校企合作，使企业认识到职业教育对企业人才培养的重要性，与此同时，又增强了学校培养合格的技能型人才的自觉性，为学校与企业的长期合作奠定了基础。

第五部分　研究结论

工学整合式教学模式的构建，为中等职业学校在顶岗实习阶段进行教学改革、实现“实践育人”提供了一个创新的载体，为中等职业学校在顶岗实习阶段开展工学整合式教学，对学生进行有效的教学管理，提高顶岗实习质量提供了理论指导和实践示范。

工学整合式教学模式的构建是我国职业教育教学改革的一项成果，同时它也为职业教育教学改革提供了一种系统化的工具，可以以工学整合式教学模式为基点，构建各专业整体教学方案。

工学整合教学的研究探索工作是一个开放和发展的课题。伴随着我国职业教育的发展，我的研究也将不断得到深化。我国职业教育在不断发展提高，在此进程中，必将有我贡献出的一份力量。

参考文献

[1] 姜大源．当代德国职业教育主流教学思想研究［M］．北京：清华大学出版社，2007.

[2] 赵志群．职业教育与培训学习新概念［M］．北京：科学出版社，2003.

[3] 徐国庆．实践导向职业教育课程研究［M］．上海：上海教育出版社，2005.

[4] 欧阳河．职业教育基本问题研究［M］．北京：教育科学出版社，2006.

[5] 裴娣娜．教育研究方法导论［M］．安徽：安徽教育出版社，1995.

[6] 欧盟项目．Asia－Link“关于课程开发的课程设计”课题组［M］．北京：高等教育出版社，2007.

[7] 刘春生，徐长发．职业教育学［M］．北京：教育科学出版社，2002.

[8] 雷正光．职教课程实务概论［M］．北京：中国科学技术出版社，2000.

附件一　教师指导手册

工学整合式教学教师指导手册

学生实习的企业不同，岗位不同，完成作业的内容也不同。本课题将学生在顶岗实习中完成的学习领域课程的学习，称为“学习领域认识”，作为学生毕业设计的内容。

教师指导手册的内容主要包括以下六个方面：

①学生毕业设计模板。

②学生毕业设计模板讲解。

③学生学习评定表。

④答辩评分表。

⑤顶岗实习指导工作日志。

北京交通运输职业学院
BEIJING VOCATIONAL COLLEGE OF TRANSPORTATION

顶岗实习

学习领域认识

专　　业：________________

班　　级：________________

学　　号：________________

姓　　名：________________

指导教师（企业）：________________

指导教师（学校）：________________

实习企业：________________

附表 1-1　　　　学习领域认识

<table>
<tr><td>专业名称</td><td>典型工作任务名称</td><td>实习时间</td></tr>
<tr><td></td><td></td><td>周</td></tr>
<tr><td colspan="3">典型工作任务描述</td></tr>
<tr><td colspan="3"></td></tr>
<tr><td colspan="3">学习目标</td></tr>
<tr><td colspan="3"></td></tr>
<tr><td colspan="3">工作与学习内容</td></tr>
<tr><td>● 工作对象</td><td>● 工具
● 工作方法
● 劳动组织</td><td>● 工作要求</td></tr>
<tr><td colspan="3">知识链接</td></tr>
<tr><td colspan="3"></td></tr>
<tr><td>评价（企业）</td><td colspan="2"></td></tr>
</table>

附表 1－2 学习领域认识讲解

<table>
<tr><td>专业名称</td><td>典型工作任务名称</td><td>实习时间</td></tr>
<tr><td></td><td></td><td>周</td></tr>
<tr><td colspan="3">典型工作任务描述</td></tr>
<tr><td colspan="3">典型工作任务如何解释？通过典型工作任务完成了什么工作？完成典型工作任务的过程是怎样的？被分析的工作岗位在哪里？环境条件如何？</td></tr>
<tr><td colspan="3">学习目标</td></tr>
<tr><td colspan="3">学生在学习结束后应实现的最终行为是什么？完成这些行为需要哪些条件？要求的职业能力有哪些？</td></tr>
<tr><td colspan="3">工作与学习内容</td></tr>
<tr><td>● 工作对象
工作任务的内容是什么？</td><td>● 工具
完成任务需要用到哪些工具和器材？
如何使用这些工具和器材？
● 工作方法
如何完成工作任务？
● 劳动组织
工作是如何安排的？哪些部门对工作发生影响？与其他职业或部门有哪些合作及界限？</td><td>● 工作要求
完成任务时必须满足企业的哪些要求？顾客有哪些要求？社会有哪些要求？要注意哪些法律法规及质量标准？同行业界默认哪些潜规则和“标准”？自己对工作提出什么要求？</td></tr>
<tr><td colspan="3">知识链接</td></tr>
<tr><td colspan="3">● 企业的经营环境
● 企业的组织结构
● 设备
● 完成工作任务需要的技术实践知识和技术理论知识</td></tr>
<tr><td>评价（企业）</td><td colspan="2">根据上述学习目标与学习内容进行过程性评价与终结性评价</td></tr>
</table>

附表 1-3　　　　　　　　　　　　学生学习评定表

<table>
<tr><th colspan="3" rowspan="2">评价指标</th><th rowspan="2">分值（分）</th><th colspan="3">评　分</th><th rowspan="2">合　计</th></tr>
<tr><th>学生（20%）</th><th>教师（30%）</th><th>企业（50%）</th></tr>
<tr><td rowspan="5">学习领域认识</td><td colspan="2">学习态度</td><td>10</td><td></td><td></td><td></td><td></td></tr>
<tr><td colspan="2">格式规范</td><td>10</td><td></td><td></td><td></td><td></td></tr>
<tr><td rowspan="3">知识链接</td><td>基础知识</td><td>10</td><td></td><td></td><td></td><td></td></tr>
<tr><td>关联知识</td><td>10</td><td></td><td></td><td></td><td></td></tr>
<tr><td>专业知识</td><td>10</td><td></td><td></td><td></td><td></td></tr>
<tr><td rowspan="5">学习成果</td><td colspan="2">独立完成工作</td><td>10</td><td></td><td></td><td></td><td></td></tr>
<tr><td colspan="2">工作态度</td><td>10</td><td></td><td></td><td></td><td></td></tr>
<tr><td colspan="2">知识应用</td><td>10</td><td></td><td></td><td></td><td></td></tr>
<tr><td colspan="2">合作交流</td><td>10</td><td></td><td></td><td></td><td></td></tr>
<tr><td colspan="2">安全意识</td><td>10</td><td></td><td></td><td></td><td></td></tr>
<tr><td colspan="3">合　计</td><td>100</td><td></td><td></td><td></td><td></td></tr>
<tr><td colspan="3">评分标准</td><td colspan="5">优：9～10 分、良：7～8 分、中：5～6 分、差：3～4 分、劣：1～2 分</td></tr>
</table>

附表 1－4　　“学习领域认识”答辩评分表

班　级		姓　名					
指导教师（企业）		指导教师（学校）					
实习企业							
学习领域名称			分　值（分）				
	序号	自述内容	5	4	3	2	1
工作岗位	1	名　称					
	2	工作任务					
学习与工作内容	3	工作对象					
	4	工作方法					
	5	劳动组织					
	6	工作要求					
知识链接	7	企业经营环境					
	8	企业文化					
	9	知识和技能					
	10	工作流程					
	合计与平均						
	序号	回答问题					
工作过程要素	1	工　具					
	2	工作方法					
	3	劳动组织					
	4	工作任务					
工作对象与工作要求	5	工作对象					
	6	工作要求					
知识链接	7	直接知识（每答出 1 点给 1 分）					
	8	间接知识（每答出 1 点给 1 分）					
学习体会	9	德　能　知（每答出 1 点给 1 分）					
努力方向	10	德　能　知（每答出 1 点给 1 分）					
	合计与平均						
	综合得分						
说　明	5 分：准确全面　4 分：准确不全面 3 分：基本正确　2 分：较差　1 分：差		评分人：				

附表 1-5　　　　顶岗实习指导工作日志

日　期	日常工作任务与完成情况

附件二　学生学习手册

工学整合式教学学生学习手册

工学整合式教学学生学习手册的内容主要包括以下四个方面：

• 学生顶岗实习计划表。

• 学习领域认识（每月 2 页）。

• 实习过程考核表（每月 2 页）。

• 指导教师信息表。

（一）学生顶岗实习计划表（见附表 2－1）

附表 2－1　　学生顶岗实习计划表

学生姓名		班　级		学　号	
实习岗位					
学习领域名称					
实习单位					
指导教师	学　校		企　业		
起止时间			预期返校时间		

(二) 学习领域认识 (每月2页) (见附表2-2)

附表2-2　　学习领域认识

<table>
<tr><td>专业名称</td><td>典型工作任务名称</td><td colspan="2">实习时间</td></tr>
<tr><td></td><td></td><td colspan="2">周</td></tr>
<tr><td colspan="4">典型工作任务描述</td></tr>
<tr><td colspan="4"></td></tr>
<tr><td colspan="4">学习目标</td></tr>
<tr><td colspan="4"></td></tr>
<tr><td colspan="4">工作与学习内容</td></tr>
<tr><td>● 工作对象</td><td>● 工具
● 工作方法
● 劳动组织</td><td colspan="2">● 工作要求</td></tr>
<tr><td colspan="4">知识链接</td></tr>
<tr><td colspan="4"></td></tr>
<tr><td>评价(企业)</td><td colspan="3"></td></tr>
</table>

（三）实习过程考核表（每月 2 页）（见附表 2－3）

附表 2－3　　实习过程考核表

<table>
<tr><td>学生姓名</td><td></td><td>实习岗位</td><td></td><td>考核员</td><td></td></tr>
<tr><td>记录日期</td><td colspan="5">年　　月至　　年　　月</td></tr>
</table>

<table>
<tr><td rowspan="2">能力</td><td rowspan="2">评价项目</td><td colspan="5">工作评分</td><td rowspan="2">补充说明</td></tr>
<tr><td>很好
5 分</td><td>较好
4 分</td><td>一般
3 分</td><td>较差
2 分</td><td>很差
1 分</td></tr>
<tr><td rowspan="5">专业能力</td><td>是否依照标准服务要求和操作流程进行工作</td><td></td><td></td><td></td><td></td><td></td><td></td></tr>
<tr><td>工作效率与熟练程度是否较上期有明显进步</td><td></td><td></td><td></td><td></td><td></td><td></td></tr>
<tr><td>是否对岗位工作的技术钻研保持积极热情态度</td><td></td><td></td><td></td><td></td><td></td><td></td></tr>
<tr><td>是否达到公司的岗位培养目标</td><td></td><td></td><td></td><td></td><td></td><td></td></tr>
<tr><td></td><td></td><td></td><td></td><td></td><td></td><td></td></tr>
<tr><td rowspan="5">方法能力</td><td>在正确选择与使用工具上是否有进步</td><td></td><td></td><td></td><td></td><td></td><td></td></tr>
<tr><td>是否具有举一反三运用知识的能力</td><td></td><td></td><td></td><td></td><td></td><td></td></tr>
<tr><td>处理问题是否具有灵活机动性</td><td></td><td></td><td></td><td></td><td></td><td></td></tr>
<tr><td>是否主动学习相关知识</td><td></td><td></td><td></td><td></td><td></td><td></td></tr>
<tr><td></td><td></td><td></td><td></td><td></td><td></td><td></td></tr>
<tr><td rowspan="5">社会能力</td><td>是否恪守公司各项规章制度</td><td></td><td></td><td></td><td></td><td></td><td></td></tr>
<tr><td>是否积极与同事进行工作沟通，同事关系是否融洽</td><td></td><td></td><td></td><td></td><td></td><td></td></tr>
<tr><td>劳动态度是否积极，是否服从工作安排</td><td></td><td></td><td></td><td></td><td></td><td></td></tr>
<tr><td>是否保持昂扬的精神面貌</td><td></td><td></td><td></td><td></td><td></td><td></td></tr>
<tr><td></td><td></td><td></td><td></td><td></td><td></td><td></td></tr>
<tr><td colspan="2">总分合计</td><td colspan="5"></td><td></td></tr>
</table>

(四) 指导教师信息表 (见附表 2-4、附表 2-5)

附表 2-4

指导教师信息表 (一)

校内指导教师信息					
姓　名		性　别		职　称	
联系电话		E-mail			
备　注					

附表 2-5

指导教师信息表 (二)

企业指导教师信息			
姓　名		性　别	
联系电话		E-mail	
部　门		职　务	
备　注			

附件三　学生作业范例

北京交通运输职业学院
BEIJING VOCATIONAL COLLEGE OF TRANSPORTATION

顶岗实习
学习领域认识

专　　业：汽车整形与涂装

班　　级：07 BAFS

学　　号：1

姓　　名：李雨航

指导教师（企业）：黄师傅

指导教师（学校）：柳和玲

学习领域认识

<table>
<tr><td>专业名称</td><td colspan="2">典型工作任务名称</td><td>实习时间</td></tr>
<tr><td>汽车整形与涂装</td><td colspan="2">汽车钣金—整形修复（钣金工）</td><td>24周</td></tr>
<tr><td colspan="4">典型工作任务描述</td></tr>
<tr><td colspan="4">1. 汽车钣金的内涵
汽车钣金是一种汽车修复技术，是将汽车金属外壳变形部分进行修复，例如车体外壳被撞了个坑，就可以通过钣金使之恢复原样。
2. 汽车钣金的作业流程
观察—确定维修方案—准备工具—清除旧漆层—修复—检验
3. 钣金工工作任务
（1）车辆因撞击受损的钣件维修；
（2）车辆各种硬件的调整，如更换车窗玻璃升降器、风挡玻璃等</td></tr>
<tr><td colspan="4">学习目标</td></tr>
<tr><td colspan="4">（1）熟悉车辆的特点及分类；
（2）熟悉车辆维修安全保护方法；
（3）不投机取巧，胆大心细；
（4）具有责任心，踏实肯干，能够认真地完成岗位工作；
（5）遵守工作安全条例</td></tr>
<tr><td colspan="4">工作与学习内容</td></tr>
<tr><td>● 工作对象
事故车辆</td><td>● 工具
改锥、棘轮、各种型号的套头、扳子、翘板、锤子、垫铁、拉塔、气动钻、千斤顶、电钻、铆钉枪、二氧化碳气体保护焊、切割焊、整形机、钣金挫、手砂轮。
● 工作方法
（1）拆除需要拆除的和妨碍施工的硬件；
（2）清除钣件旧漆，实现通电；</td><td colspan="2">● 工作要求
（1）微笑面对客户，客户车上任何东西严禁碰取；
（2）工作时，保证工具的正常使用，灭火器旁严禁摆放任何东西，发生工具损坏或人员受伤马上通知领班，听从领导安排；工作场地不得吸烟；
（3）不得欺诈客户，保证诚信第一，认真为客户服务，尽量满足客户要求，如果有延时或者意外发生，马上通知客户；</td></tr>
</table>

续 表

<table>
<tr><td></td><td>（3）用工具使板件瞬间加热变软，然后进行整形恢复成原来的样子
● 劳动组织
（1）车辆接待员记录车辆信息询问客户的维修意向；
（2）前台售后服务顾问（SA）接待客户询问具体的损伤部位和轻重；
（3）SA 打出工单列出工项交派给车间办公室；
（4）车间调度员进行分类送给各维修项目的领班，由领班给钣金工派发车辆开始施工</td><td>（4）保证工作安全，努力工作，学会换位思考，想象施工的车就是自己的车，不损坏车辆零件，不贪图车上任何财物</td></tr>
<tr><td colspan="3">知识链接</td></tr>
<tr><td colspan="3">1. 企业简介
北京奥德行丰田汽车销售服务有限公司系一汽丰田汽车销售有限公司、丰田汽车（中国）有限公司授权的集新车展示（Sale）、特约维修（Service）、零件供应（Spare parts）、信息反馈（Survey）为一体的丰田汽车 4S 店。公司坐落于北京南三环玉泉营桥东北侧，交通便利，环境优雅。
北京奥德行丰田自成立以来一直以客户第一、品牌服务为始终不变的服务宗旨，并被一汽丰田评选为北京地区唯一一家“2003 年度综合评比优秀经销店”；2004 年被一汽丰田评为“大客户开拓奖”、“售后服务优秀奖”、“董事长杯”，荣获 2004 年度第一汽车奖“最佳经销商奖”。
专业的销售顾问，以及经丰田公司专业培训的高素质维修技师，是奥德行丰田品牌服务的基础，丰田公司专业的技术支持是高品质服务的坚实后盾。雄厚的技术实力让您没有后顾之忧。
2. 企业文化
（1）丰田纲领
管理哲学：事业在于人；
上下同心协力，忠实公司事业以产业成果报效国家；
潜力研究与创造，不断开拓，时刻站在时代潮流的最尖端；</td></tr>
</table>

续 表

切戒奢侈浮华，力求朴实稳健；

发扬友爱精神，以公司为家，相亲相爱；

心存感激，为报恩而生活。

(2) 经营宗旨

创造财富，贡献于社会；

以最低的成本生产质量最高的汽车；

对顾客负责，顾客是上帝；

下一道工序是上一道工序的用户，在每道工序里来创造质量，一切为用户服务；

杜绝不必要的多余；

重视员工的思想工作；

当你发现问题时，应当考虑如何处理，而不是开除负有责任的人。

(3) 经营理念

对客户——客户至上、服务至上；

对员工——以人为本；

对生产——以精简为手段，追求低成本；

对产品——以零缺陷为最终目标，追求高质量；

根植于当地的社会活动，为当地的经济、社会发展作贡献。

以开展业务为根本，互相致力于研究创造，实现长期稳定的发展和共存共荣

3. 组织结构

汽车售后服务中心组织结构示意图如下：

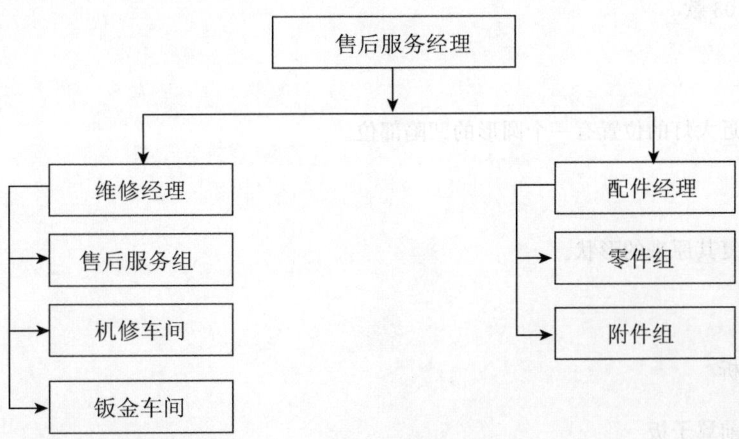

续 表

4. 专业知识

钣金是针对金属薄板（通常在6mm以下）的一种综合冷加工工艺，包括剪、冲/切/复合、折、焊接、铆接、拼接、成型（如汽车车身）等。其显著的特征就是同一零件厚度一致。由于汽车材料日新月异的发展，汽车钣金也成为了不仅仅针对金属薄板，而且对于塑料、玻璃、尼龙、不饱和树脂（玻璃钢）金属异型管材，橡胶等一大批材料的理解修复及加工的工艺。因为汽车本身设计的高标准和综合性能要求，汽车被设计成由0.5（或更低）～5.0mm（或更高）不等厚金属件组合拼装或焊接而成，这就要求汽车钣金必须对同一部件（汽车零件总成大都为多子件拼装而成）上的不同厚度钣材做出精准判断与修复。

下面举例说明企业完整的工作过程。

（1）企业完整的工作过程

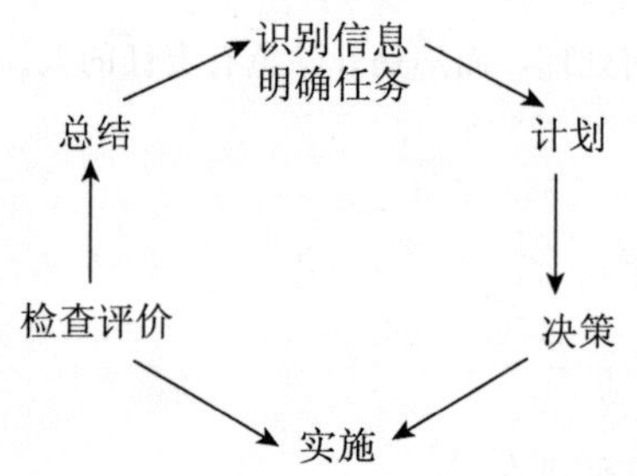

（2）举例说明

● 识别信息，明确任务

①车辆识别

品牌：丰田

车型系列：卡罗拉

车型：卡罗拉03款

②问题识别

右前翼子板靠近大灯的位置有一个圆形的凹陷部位。

③明确任务

使凹陷部位恢复其原来的形状。

● 制订计划

①维修系统分析

受损部位：右前翼子板

续 表

<table>
<tr><td colspan="2">

②制订计划

维修工具：锤子、垫铁、整形机、翘板、钣金挫等。

维修方法：一种方法是敲击方法，用锤子、垫铁将凹陷部位反向敲击使之恢复其形状；另一种方法是用整形机高温加热翼子板迅速反向提拽来达到变形的效果。

● 决策

针对以上两种实施方案，我选择第一种敲击方法。因为考虑到车辆流水线时间因素和受损区域不是很大范围，使用敲击法更能快捷地完成工作。

● 实施

①拆除右前大灯，避免施工时破坏大灯和喷漆时方便对翼子板进行喷涂。

②翼子板上都是有加强筋的，根据车辆不同来改变加强筋弧度大小，加强筋正好坐落在圆形凹陷部位中间呈直径显示。

③首先用翘板顶住凹陷的加强筋，用锤子敲击周围隆起部位，让板件延展开来，顶着低处、敲击高处才能使板件恢复平整。

④加强筋弧度合适后，针对“面”进行找平。

⑤同样的方法，用垫铁垫起着低处，放下高处。

5. 检查评价

施工完毕后进行自我检查，车辆左右两边对称，根据左边翼子板形状来检查右边翼子板是否对称、是否平整、翼子板与灯及前杠之间的缝隙是否均匀。

完成施工项目，做完自我检查，准备进行下一道工序前，让上级领导来评论下自己的施工结果。

6. 总结

这次施工我觉得工作时有一些分心，没有全身心地投入工作中，施工工时可以缩短，敲翼子板时准确敲击到高点，可节约一些工时。

</td></tr>
<tr><td>评价（企业）</td><td>学习态度端正，作业质量高；工作积极、工作中勤勤恳恳，努力钻研；严格按照企业操作流程工作；主动学习相关知识，达到公司岗位培养标准。(98 分)</td></tr>
</table>

北京交通运输职业学院

BEIJING VOCATIONAL COLLEGE OF TRANSPORTATION

顶岗实习
学习领域认识

专　　业：汽车整形与涂装

班　　级：07 BAFS

学　　号：10

姓　　名：贺益坤

指导教师（企业）：张师傅

指导教师（学校）：柳和玲

学习领域认识

<table>
<tr><td>专业名称</td><td colspan="2">典型工作任务名称</td><td>实习时间</td></tr>
<tr><td>汽车整形与涂装</td><td colspan="2">汽车中涂底漆涂装（漆工）</td><td>24 周</td></tr>
<tr><td colspan="4">典型工作任务描述</td></tr>
<tr><td colspan="4">中涂底漆在涂层组合中是在面漆之下的涂层。中涂底漆涂装具有增强涂层附着力和加强底漆层的封闭性与填充细微痕迹的作用。施工包括底漆层、原子灰填补和喷涂中涂漆。
喷涂中涂底漆的流程如下。①雾喷涂：将中涂底漆的涂装范围均匀地薄薄涂好，确认有无凹陷；②边界喷：泥子和旧漆层边界进行涂装，涂出一定的亮度；③闪干：使中涂底漆内的溶剂充分蒸发，放置一段时间，直到中涂底漆的光泽消失；④第一次喷涂：涂环状的内侧保证不要流出或滴落的程度；⑤闪干：同③一样；⑥第二次喷涂：比第一次的涂装面涂得稍微大些；⑦闪干：同③一样；⑧第三次喷涂：比第二次的涂装面涂得稍微宽些。
漆工应该完成的任务：整平，喷漆，抛光，环检</td></tr>
<tr><td colspan="4">学习目标</td></tr>
<tr><td colspan="4">（1）熟悉喷涂中涂底漆的流程；
（2）熟悉喷涂中涂底漆的作用和要求；
（3）具有责任心和吃苦耐劳的精神；
（4）遵守工作安全条例</td></tr>
<tr><td colspan="4">工作与学习内容</td></tr>
<tr><td>● 工作对象
对整平完的车进行中涂底漆喷涂</td><td>● 工具
遮蔽纸、遮蔽胶带、喷枪、中涂底漆。
● 工作方法
（1）用遮蔽纸将需要喷涂底漆的部位遮蔽上；
（2）用除油剂除油；
（3）进行喷涂。
● 劳动组织
（1）售后服务顾问（SA）将受损车辆接到钣喷车间；</td><td colspan="2">● 工作要求
（1）企业要求
①保证工作安全，努力工作，不损坏车辆零件，不贪图车上任何财务；
②以最低的成本完成任务，喷漆车辆的色差要降到最低，注意保护环境与节约用料。
（2）客户要求
客户要求车的色差要减到最低、不能出现流痕。
（3）行业法规
《环境管理体系规范》和《生态管理和审核规则》</td></tr>
</table>

续 表

	（2）钣喷主管负责安排工作； （3）漆工完成最后工作，交车完检	

知识链接

1. 公司介绍

北京华通丰田汽车服务有限公司系一汽丰田汽车销售服务有限公司授权的集汽车展示（Sale）、特约维修（Service）、零件供应（Spare parts）和信息反馈（Survey）为一体的丰田汽车4S店。北京华通丰田充分利用合资双方各自的优势，为丰田汽车用户提供高品质的服务。

北京华通丰田公司占地面积8700m^2，拥有4000m^2的维修车间，年销售能力2000台，年维修能力20000台。

北京华通丰田公司位于北京市通州区梨园九棵树西路11号，紧邻城铁八通线、瑞都国际商务楼、家乐福购物广场，周边设施齐全，地处通州区新兴的繁华商业地段，交通便利，位置优越。为北京市东部地区广大用户提供了便利的服务。该店自开业以来，以“为了顾客的满意和感动”为宗旨，凭借优质的服务和完善的会员制服务体系，为用户提供了高品质的服务。在北京市东部地区赢得了极高的声誉，成为每一位用户可以信赖的朋友。

北京华通丰田公司所获荣誉如下：

（1）丰田汽车金融（中国）有限公司2006年、2007年、2008年年度汽车信贷、按揭卓越奖；

（2）日本丰田通商株式会社本部2008年度销售奖；

（3）一汽丰田北京地区协力会2008年“立邦杯”喷漆技能大赛冠军；

（4）北京市市级政府采购公务车维修定点中标单位；

（5）北京汽车维修行业协会“诚信企业”称号；

（6）2007年通过ISO 14001环境体系认证，获得一汽丰田2008年度“环境特别贡献奖”；

（7）一汽丰田2007年1—3月CS强化活动进步奖；

（8）一汽丰田2007年4—5月CS强化活动优秀奖；

（9）北京晚报评选的2007年度A级诚信经销商50强。

2. 企业文化

（1）丰田纲领

管理哲学：事业在于人；

续 表

上下同心协力，忠实公司事业以产业成果报效国家；

潜力研究与创造，不断开拓，时刻站在时代潮流的最尖端；

切戒奢侈浮华，力求朴实稳健；

发扬友爱精神，以公司为家，相亲相爱；

心存感激，为报恩而生活。

(2) 经营宗旨

创造财富，贡献于社会；

以最低的成本生产质量最高的汽车；

对顾客负责，顾客是上帝；

下一道工序是上一道工序的用户，在每道工序里创造质量，一切为用户服务；

杜绝不必要的多余；

重视员工的思想工作；

当你发现问题时，应当考虑如何处理，而不是开除负有责任的人。

3. 经营理念

对客户——客户至上、服务至上；

对员工——以人为本；

对生产——以精简为手段，追求低成本；

对产品——以零缺陷为最终目标，追求高质量；

根植于当地的社会活动，为当地的经济、社会发展作贡献。

以开展业务为根本，互相致力于研究创造，实现长期稳定的发展和共存共荣

4. 专业知识

(1) 刮灰（塑型）

汽车车身通过钣金校正后还有一些钣金工作无法弥补的缺陷，哪怕是更换新的部件也会有不完美的地方，为了做到更加完美精致，就必须用雕塑的工艺技法弥补缺陷。汽车在变形或由于其他原因残损后，其平度、轮角及线条每一个部位都需要用刮灰来填补磨塑出来，用这样的公式说明：刮灰＝恢复车身蒙皮＝模具产物＝模具加工程序，汽车的任何一个车身蒙皮都是由模具冲压而成，我们修复车身蒙皮就跟修复模具一样，所以我们将刮灰塑形工艺和模具加工连贯起来。

续 表

<table>
<tr><td colspan="2">
(2) 喷涂

①头道底漆：填充工件底层的砂痕及微孔，增加下层涂料的附着力，也具缺陷指示作用。

②中涂底漆：很重要的涂层部分，为面漆准备一个完整光滑的工作面，完成所有底漆工作的最后一道工序，增加介入层的附着力以及具备一定的隔离作用，以保证面漆的质量稳定性。

③面漆：面漆分为单层漆和多层漆，是色彩的确定层和装饰保护层，单层漆通称为素色漆，也称普通漆，可以一层完成。多层漆分银粉系列漆和珍珠系列漆，分双层及多层施工工序完成的涂料，银粉漆是由特制铝质材料经研而成，具有较高的保护性，户外稳定性和很强的可观性，珍珠系列漆是由云母片及贝壳等材料通过高科技提制而成，是色彩丰富装饰性极强的高级涂料。

(3) 汽车涂装的基本概念

①涂装是指涂料以不同的方式涂覆于经过处理的物面（基底表面）上，干燥固化后形成一层牢固附着的连续薄膜的工艺。

②汽车涂装的作用包括保护作用、装饰作用、特殊标志作用。

③汽车涂装大体上可以分为新车制造涂装和旧车修补涂装。汽车修补涂装总的目的就是要恢复汽车原有的涂层技术和达到无痕迹修补的目的，根据需要修补部位和修补面积的大小可以分为重新喷涂、局部修补和零部件修补涂装。

④汽车涂装的基本要素：涂装材料、涂装工艺和涂装管理。

(4) 劳动保护与安全

①工作安全防护措施：戴护目镜、棉纱手套、防尘口罩、工作服、防滑皮鞋。

②防火防爆：防火设备和防爆装置的准备，工作现场严禁明火操作和点火、吸烟。

③防毒：工作现场良好的通风或排风设备，涂料的存放和保管严格遵守行业的规定
</td></tr>
<tr><td>评价（企业）</td><td>该同学实习期间，认真学习喷涂技术，学习态度认真，作业质量较高；工作中勤勤恳恳，努力钻研，独立完成工作，达到企业人员上岗标准。(95分)</td></tr>
</table>

北京交通运输职业学院
BEIJING VOCATIONAL COLLEGE OF TRANSPORTATION

顶岗实习
学习领域认识

专　　业：汽车整形与涂装

班　　级：07 BAFS

学　　号：12

姓　　名：张　凯

指导教师（企业）：李师傅

指导教师（学校）：柳和玲

学习领域认识

专业名称	典型工作任务名称	实习时间
汽车整形与涂装	汽车修补喷漆（漆工）	24 周

典型工作任务描述

（1）汽车修补喷漆的内涵：将车壳表面损伤部件修复平整再喷涂面漆。

（2）汽车喷漆的流程：涂装施工前准备—底涂层涂装—中间涂层涂装—面涂层涂装—涂膜处理与缺陷防治。

（3）漆工的工作任务：将损伤部件的凹面用原子灰填补平整，再用中涂进行小填补之后喷涂面漆

学习目标

（1）熟悉底材、油漆的识别，底漆、喷灰、泥子的选择方法；

（2）熟悉刮涂腻子的手法以及喷涂面漆的手法；

（3）遵守工作安全条例；

（4）具有吃苦耐劳的精神

工作与学习内容

● 工作对象	● 工具	● 工作要求
事故车辆损伤的部件	打磨机、抛光机，铲刀、刮板、喷枪、除油剂、稀释剂、胶带、遮盖纸、尼龙布、底漆、中涂、面漆、清漆、抛光腊、色卡、比例尺、色板、称量仪。 干性砂纸：p80～p500 水性砂纸：800＃～2000＃ ● 工作方法 （1）清洁、确定钣件材料； （2）目测、手摸法检查损伤部件的平整度，确定部件的凹坑； （3）用打磨机将凹坑部位的漆皮磨除，然后吹灰除油；	（1）企业要求 腻子平整、线条平直、圆弧滑润、面漆符合原车颜色。 （2）行业法规 《环境管理体系规范》和《生态管理和审核规则》

续 表

	(4) 把原子灰、固化剂按 2%～3%的比例调配好，刮涂到凹坑部位，刮涂平整，每遍刮涂不能太厚； (5) 待原子灰干燥后，用干性砂纸 p120～p240 磨平； (6) 吹灰、除油完毕后喷涂中间涂层； (7) 中涂干燥后用 p320 或 p400 干性砂纸进行打磨，有沙眼的地方填补眼灰，然后用 p500 干磨或者是 800＃砂纸水磨，把整个钣件走一遍； (8) 对车身颜色进行分析，确定主色、偏向、纯净度； (9) 对比色板调漆； (10) 调色完毕进行遮蔽； (11) 烤房干净的情况下用塑料薄膜盖住其他部件，避免有虚漆； (12) 把漆料、稀释剂、固化剂按比例调配好进行喷涂，三遍湿喷； (13) 烤干过后把有喷涂缺陷的地方用 1500＃或 2000＃砂纸水磨，再用抛光机上蜡去除砂纸痕； (14) 洗车交车。 ● 劳动组织 (1) 钣金工将修复好的受损车辆交给漆工业务员； (2) 漆工业务员将受损车辆派发给漆工； (3) 漆工施工后经检验员检验合格后交给钣金工	

续 表

知识链接
1. 企业文化 无真材，难博八方信赖，有爱心，方成百年博瑞 2. 专业知识 ● 实践知识 （1）原子灰施工时应先薄涂一层，增加原子灰与板件间的附着力。 （2）多层填充原子灰，每层不超过 1mm。 （3）水遇腻子很难挥发，需要在 60℃～70℃ 30min，一般不推荐使用。 （4）跳号使用砂纸会出现明显砂纸痕，所以不能使用跳一倍的型号砂纸打磨。 （5）劳动保护与安全内容如下： ①工作安全防护措施：戴护目镜、棉纱手套、防尘口罩、工作服、防滑皮鞋。 ②防火防爆：防火设备和防爆装置的准备，工作现场严禁明火操作和点火、吸烟。 ③防毒：工作现场良好的通风或排风设备，涂料的存放和保管严格遵守行业的规定。 ● 理论知识 （1）汽车涂装的基本概念 ①涂装是指涂料以不同的方式涂覆于经过处理的物面（基底表面）上，干燥固化后形成一层牢固附着的连续薄膜的工艺。 ②汽车涂装的作用包括保护作用、装饰作用、特殊标识作用。 （2）汽车涂装的种类 汽车涂装大体上可以分为新车制造涂装和旧车修补涂装。 汽车修补涂装总的目的就是要恢复汽车原有的涂层技术和达到无痕迹修补的目的，根据需要修补部位和修补面积的大小可以分为重新喷涂、局部修补和零部件修补涂装。 （3）汽车涂装的基本要素 汽车涂装的基本要素包括涂装材料、涂装工艺和涂装管理。 ● 实际案例 一辆黑色奔驰，前翼子板修补，钣金修复完工之后打底，做好个人防护之后先清洁，检查凹坑，查看

续 表

<table>
<tr><td colspan="2">材料为钢板，拿 p80、p120 砂纸对焊点进行打磨除锈，再用 p240 砂纸打磨羽状边，吹灰除油。为了提高效率，钢材可以选择合金原子灰直接刮涂，把原子灰和固化剂以 2%～3%的比例挤压方法调配好，用刮板在凹坑部位先薄涂一层，增加附着力，多层薄刮，填补平整为止，干燥温度为 20°C 15～20min，干燥后用 p240、p320 砂纸干磨。不建议使用水磨，因为水遇腻子很难挥发，用碳粉涂抹原子灰上便于检查平整度和砂纸痕，磨平之后对其进行除尘除油，中涂选择的都是快干通用型，与新劲稀释剂按 100%的比例调配好，使用下壶 1.8mm 喷枪对原子灰部位进行由大到小面积喷涂，喷 2～3 层每层挥发时间为 5～10min，干燥 60°C 15min，干燥后用 p360、p400 砂纸干磨，然后除尘除油擦拭干净。

查找汽车颜色编码位置，色卡对比主色为纯黑色，偏向为红，纯净度为纯净，颜色与车身核对再进行微调，与车身相符合进行遮蔽，在烤房干净的情况下将车开入，并将其余部位用塑料膜盖住，减少虚漆产生，把漆料、稀释剂、固化剂按 100：50：30 比例倒入喷枪，插上气管喷枪调大气压进行吹尘，喷涂时第二道要盖住第一道的 2/3，三层湿喷，每层挥发时间为 3～5min，用手轻轻摸摸不特别粘手了就可以喷下一层，喷完之后 60℃烘烤 30min。

如果出现流挂等现象，漆干了之后就用 800＃砂纸电板水磨，几乎平整之后再用 2000＃砂纸走一遍，把脏点磨除之后用抛光机上蜡对打磨区域进行抛光，把砂纸痕抛除为止。然后洗洗车，擦擦虚漆就可以交车了。</td></tr>
<tr><td>评价（企业）</td><td>认真学习喷漆技术，工作态度、学习态度认真，工作中勤勤恳恳，努力钻研；独立完成工作，作业质量较高。(95 分)</td></tr>
</table>

工学整合式实践教学论文

工学整合式实践教学探索①

（北京交通运输职业学院　柳和玲）

摘要： 职业教育教学改革应贯穿于学生教育的各个阶段，既包括课堂教学的改革，也应包括顶岗实习环节。职业教育课程改革计划要同时能对“为工作而进行的学习”和“在工作过程中的学习”两方面进行概括，并使其相互补充。

将教学改革的理念引入顶岗实习阶段是时代发展的要求，是职业教育教学改革的重要环节，是促进学生就业的有效措施。

借鉴德国学习领域课程的模式，在学生顶岗实习环节，将工作过程设计成学习过程，开展工学整合式实践教学，本文进行了创新性的探索。

关键词： 工学整合式学习，学习领域

工学整合式实践教学是将学生的学习与实践融为一体的教学方法，教学过程中将工作过程设计成学习过程，实现工作与学习的结合，是当前国际职业教育课程改革与发展的主流方向。

目前，学生实习阶段的实际效果与专业教学计划中的要求存在着一定的差距。学校对学生实习的技能掌握没有系统的考核办法，多数是放任自流，实习期满，学生常常以一份“毕业论文”应付了事。这种现象是许多职业学校共同面临的问题。

为了顺应职业教育课程改革的要求，提高学生的实习质量，在实习指导的工作实践中，本文对学生顶岗实习阶段的教育管理进行了工学整合式实践教学的探索，建立了工学整合式实践教学的流程，并相应确定了工学整合式实践教学的评价标准。这不仅为顶岗实习环节的考核提供了方法，而且也为学生进入社会实现终身学习架设起桥梁。

---

① 该文2008年在《中国职业技术教育》（24）发表，《北京职业教育研究》（2009）（1）转载。

一、工学整合式实践教学模式

工学整合式实践教学是在工学整合式学习的基础上提出的教学方法，工学整合式学习被西方学者界定为将学习过程与工作过程完全融合的岗位学习，它要求在学校和企业合作的基础上，在企业工作现场创造新的学习环境。为了满足学习者的需要，促进学习者的成长，这种学习应列为学校教学计划的一部分。

工学整合式学习的理论基础是“建构主义学习理论”。该理论由瑞士著名心理学家让·皮亚杰创立。他指出：知识既不是客观的东西，也不是主观的东西，而是个体在与环境交互作用的过程中逐渐建构的结果。建构主义学习理论为工学整合式学习提供了理论依据。

学生在企业实习过程中，通过参加生产实践活动，与外部环境的企业生产现场“交互作用”，“构建”实践知识和理论知识，实现学习。

将岗位工作设计成学习过程是工学整合式实践教学的基本出发点。

本文在工学整合式实践教学的探索实践中，以教学设计、行动实施、评价反馈三个步骤展开。其工作流程如图1所示。

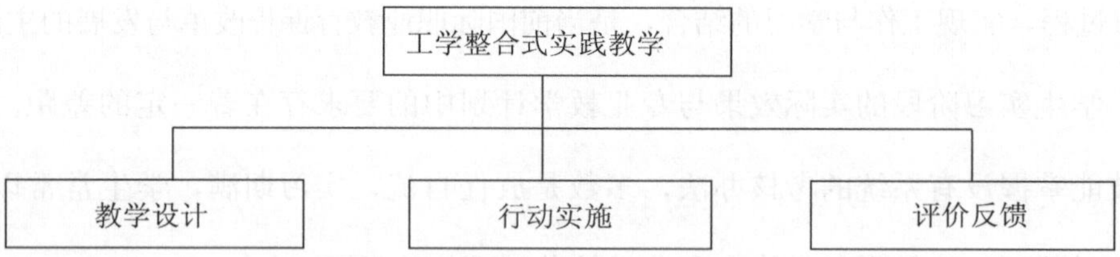

图1　工学整合式实践教学流程

（一）教学设计

采用美国学者加涅提出的教学系统设计过程的基本模型——ADDIE模型（见图2），进行工学整合式实践教学设计，以支持学生的学习过程，帮助学生高质量地完成学习。

ADDIE模型包括五个基本阶段，这五个阶段名称的英文首字母是A、D、D、I、E，所以称为ADDIE模型。图2说明了模型的每一个阶段以及它们是怎样相互联系在一起的。

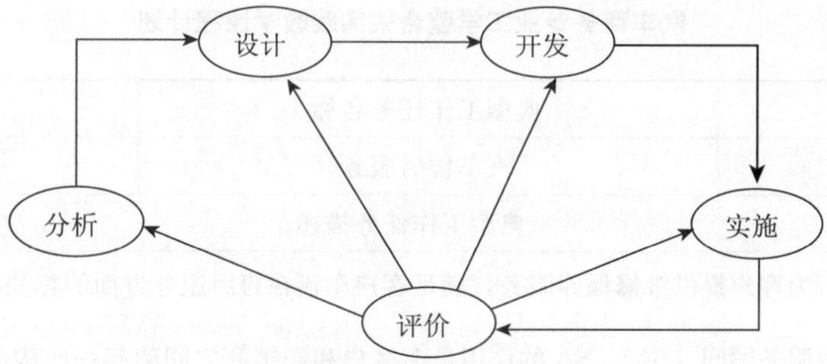

图 2　教学设计的 ADDIE 模型

教学设计的五个阶段的具体内容是：分析，是指确定通过教学要解决什么问题；设计，是指确定课程计划；开发，是指确定用于学习环境的资料；实施，是指建立一个充分满足情境要求的学习管理系统；评价，是指对学生学习成果的评定。

以上这五个阶段相互联系、共同构成教学设计系统。下面对这五个阶段进行系统的逐一分析。

1. 分析

分析阶段要求确定通过教学要解决的问题，即确定教学目标。工学整合式实践教学的目标是要帮助学生有能力胜任职业工作，即培养学生的职业行动能力，具体包括：专业能力，是指具备从事职业活动所需要的技能及与其相应的知识，包括单项的和综合的技能与知识；方法能力，是指具备从事职业活动所需要的工作方法和学习方法，包括制订工作计划的步骤、解决实际问题的思路、独立学习新技术的方法、评估工作结果的方式等；社会能力，是指具备从事职业活动所需要的行为能力，包括人际交往、公共关系、职业道德、环境意识。

专业能力、方法能力和社会能力也称为关键能力，是从事一门或若干相近职业的能力。

2. 设计

设计阶段要确定课程计划。工学整合实践教学需要一个特别的、合适的“内容载体”，这个载体就是“学习领域”。在教育学中，学习领域是按照学习内容性质的不同所划分的学习范畴。目前在职业教育领域，德国是最先成功推广“学习领域”课程的国家。

借鉴德国学习领域课程模式，根据学生到企业顶岗实习的具体状况，对课程内容适当调整。将调整后的课程内容作为学生工学整合式实践教学的课程计划。

以学生到某汽车销售服务中心实习为例，说明工学整合式学习课程计划的内容（见表 1）。

表 1　　汽车商务专业工学整合式实践教学课程计划

<table>
<tr><td>专业名称</td><td>典型工作任务名称</td><td>实习时间</td></tr>
<tr><td>汽车商务</td><td>汽车售后服务</td><td>32 周</td></tr>
<tr><td colspan="3">典型工作任务描述</td></tr>
<tr><td colspan="3">汽车售后服务，为客户提供维修保养服务，满足客户车辆在售后服务方面的相关需求。
工作岗位是售后服务顾问（SA）。SA 的作用是在客户和经销商之间架起一座沟通的桥梁，通过向客户提供专业的建议和经销商专业的维修保养服务，使一般客户成为忠诚的客户，为经销商带来利益。基本的工作过程包括七步，工作地点主要在接待大厅，环境比较舒适。</td></tr>
<tr><td colspan="3">学习目标</td></tr>
<tr><td colspan="3">学习总目标是成为一名合格的售后服务顾问。具体目标包括：①良好的语言沟通能力；②掌握一定的汽车基础知识；③具备丰富的汽车零件知识；④具有一定的维修实操能力；⑤良好的职业道德；⑥具有一定的责任心。</td></tr>
<tr><td colspan="3">学习内容</td></tr>
<tr><td colspan="3">● 工具
①各种表单（如派工单、结算单、环行检查单等）；②计算机；③打印机。
● 工作方法
主要按照七步法流程进行工作，七个步骤是：①预约；②接待；③维修工单；④派工与生产；⑤质量控制；⑥交车；⑦维修后跟踪服务。
● 劳动组织
①SA 主要负责七步法中的①②③⑥⑦项；
②车间调度员及进度跟踪员与 SA 配合，负责派工与维修进度跟踪；
③配件部与车间与 SA 合作，负责维修所需用料的供给和订购。
● 工作要求
①快速与准确确定故障原因；②特殊情况的应急预案；③保证客户满意。</td></tr>
<tr><td colspan="3">知识链接</td></tr>
<tr><td colspan="3">公司的企业文化：尊重人性、智慧与改善、挑战、现地现场、团队合作。
SA 需要具备基本技术和保修知识，包括：
①保养时，各车型所加机油油量；
②保养时，各车型所加变速器油油量。</td></tr>
</table>

典型工作任务描述的是一项专门的具体工作，学生围绕典型工作任务——汽车售后服务进行学习，学习工具、工作方法、学习企业的文化、组织结构、技术实践知识和技术理论知识。这是学习领域课程计划的鲜明特点。

3. 开发

开发是指确定学习资料。北京交通运输职业学院确定的工学整合式实践教学的学习资料主要包括以下内容：教科书、专业词典和其他工具书；企业信息材料和工作安排资料；机器、设备和工具的使用说明。

4. 实施

实施过程要确定学习管理系统，北京交通运输职业学院工学整合式实践教学的学习管理系统包括：确定典型工作任务（学校和企业）；确定学习目标（企业）；指导学生完成学习内容（学校和企业）；评价（学校和企业）。

通过以上四个阶段帮助学生完成工学整合式学习，逐步实现从初学者到熟练者的过渡。

5. 评价

工学整合式实践教学的课程计划，应建立一套职业能力评价指标体系（见表2），评价学生一年期间在企业的工学整合式学习的成果。这个指标体系包括三个方面：专业能力、方法能力和社会能力。其中每项指标设定四个考核内容，考核方式采用过程控制方法，每月考核一次，最后以全年的平均成绩作为学生工学整合式学习的最终成绩。

表 2 **工学整合式学习考核表**

考核时间：　　年　　月　　日至　　年　　月　　日

<table>
<tr><td colspan="2">姓　名</td><td colspan="3"></td><td colspan="2">性　别</td><td colspan="3"></td><td colspan="6">专　业</td></tr>
<tr><td colspan="2">考　核　内　容</td><td>1</td><td>2</td><td>3</td><td>4</td><td>5</td><td>6</td><td>7</td><td>8</td><td>9</td><td>10</td><td>11</td><td>12</td></tr>
<tr><td rowspan="4">专业能力</td><td>独立完成工作的能力</td><td></td><td></td><td></td><td></td><td></td><td></td><td></td><td></td><td></td><td></td><td></td><td></td></tr>
<tr><td>运用知识解决问题的能力</td><td></td><td></td><td></td><td></td><td></td><td></td><td></td><td></td><td></td><td></td><td></td><td></td></tr>
<tr><td>识别各种专用器具的能力</td><td></td><td></td><td></td><td></td><td></td><td></td><td></td><td></td><td></td><td></td><td></td><td></td></tr>
<tr><td>对企业工作系统的认识能力</td><td></td><td></td><td></td><td></td><td></td><td></td><td></td><td></td><td></td><td></td><td></td><td></td></tr>
<tr><td rowspan="4">方法能力</td><td>主动学习相关知识的能力</td><td></td><td></td><td></td><td></td><td></td><td></td><td></td><td></td><td></td><td></td><td></td><td></td></tr>
<tr><td>举一反三运用知识的能力</td><td></td><td></td><td></td><td></td><td></td><td></td><td></td><td></td><td></td><td></td><td></td><td></td></tr>
<tr><td>处理问题的灵活机动性</td><td></td><td></td><td></td><td></td><td></td><td></td><td></td><td></td><td></td><td></td><td></td><td></td></tr>
<tr><td>用正确的工作方法工作的能力</td><td></td><td></td><td></td><td></td><td></td><td></td><td></td><td></td><td></td><td></td><td></td><td></td></tr>
<tr><td rowspan="4">社会能力</td><td>具有良好的沟通表达能力</td><td></td><td></td><td></td><td></td><td></td><td></td><td></td><td></td><td></td><td></td><td></td><td></td></tr>
<tr><td>服从工作分配</td><td></td><td></td><td></td><td></td><td></td><td></td><td></td><td></td><td></td><td></td><td></td><td></td></tr>
<tr><td>对作业场所安全的警觉能力</td><td></td><td></td><td></td><td></td><td></td><td></td><td></td><td></td><td></td><td></td><td></td><td></td></tr>
<tr><td>环境意识</td><td></td><td></td><td></td><td></td><td></td><td></td><td></td><td></td><td></td><td></td><td></td><td></td></tr>
<tr><td colspan="2">总　分</td><td colspan="3"></td><td colspan="3"></td><td colspan="3"></td><td colspan="3"></td></tr>
<tr><td colspan="2">考核者</td><td colspan="3"></td><td colspan="3"></td><td colspan="3"></td><td colspan="3"></td></tr>
<tr><td colspan="5">标准：优 5 分、良 4 分、中 3 分、差 2 分、劣 1 分</td><td colspan="9">总　分</td></tr>
</table>

核准：　　　　　　　　审核：　　　　　　　　制表：

（二）工学整合式实践教学的实施

工学整合式实践教学的实施分为三个阶段。

第一阶段，学生实习前，进行学习领域课程计划的内容介绍、方法讲解、任务布置。

第二阶段，实习中指导教师间隔一定周期到企业中对学生逐一进行监督指导，及时发现各种问题，及时纠正、及时反馈。

第三阶段，实习结束时，由学校方面和企业方面共同组成联席评审小组，对学生进行评价。同时，学校召开优秀实习学生实习成果汇报大会，并对优秀实习学生给予物质奖励。

上述这三个阶段，既相对独立、保持各个阶段各自独立的工作内容，又前后接应连缀成一体，构成一个完整的工作链。

二、工学整合式实践教学的效果

1. 促进了学生结合职业能力的提高

学生通过一个学习领域课程的学习和实践，能够熟悉实习企业的工作过程，掌握所在岗位的工作方法、技能技巧，通过完成工作任务，学习相关的技术本领，丰富理论知识。

学习中，关于工作信息的获取、工具的选择、工艺过程的制定、工作步骤的确定、项目任务的实施以及项目成果的评价等都以学生为主体展开，经过多次反复培训、指导，有效地培养了学生的综合职业能力，使学生的自学能力、与人合作能力、工作能力都得到了提高。

2. 促进了学校和企业的合作

工学整合式实践教学要求实施校企交流的合作教育计划。在实践中，校企共同制定培养目标和培养规划，共同指导学生有效实习。这些教学活动的开展，一方面，促使学校的实习管理水平和学生实习质量得以提高；另一方面，极大地增强了企业参与学校教育教学的积极性和责任感。因为合作过程，企业认识到学校实际上是在为企业培养合格的后备力量，学校已经成为企业的人力资源库。校企共同合作，能够为企业培养一批能力强、适应面宽、技能扎实、知识全面的合格员工。

工学整合式实践教学既是学校的育人工程，又是企业的员工培训工程，这是双惠互赢的教育合作。通过校企合作，使企业认识到职业教育对企业人才培养的重要性，与此同时，又增强了学校培养合格的技能型人才的自觉性，为学校与企业的长期合作奠定了基础。

3. 为学校的课程开发提供了教学素材

通过学生所在企业、所在岗位的典型工作任务的确定，为学校专业课堂教学的学习领域内容的确定提供了基础，学生完成的学习领域课程内容可以作为学校教师的教学参考资料，进而丰富教师课堂教学内容，使课堂教学更贴近企业运作实际，有利于实现工学结合。

例如，表 1 中所列出的汽车售后服务的七步法，可以补充到课堂教学的客户服务这门课程中，它来源于企业真实的工作过程，对于教学内容的丰富、教学质量的提高具有重要意义。一届又一届实习学生完成的岗位实习学习领域课程内容的积累，为学校工学结合的课堂教学实施提供了宝贵的教学素材。

三、工学整合式实践教学的意义

工学整合式实践教学，使学生在岗位实习中学习掌握工作技能要领的一套方法，即从企业的工作过程入手，通过工作人员、工具、产品和工作行动，基本组成要素学会如何工作。如图3所示。

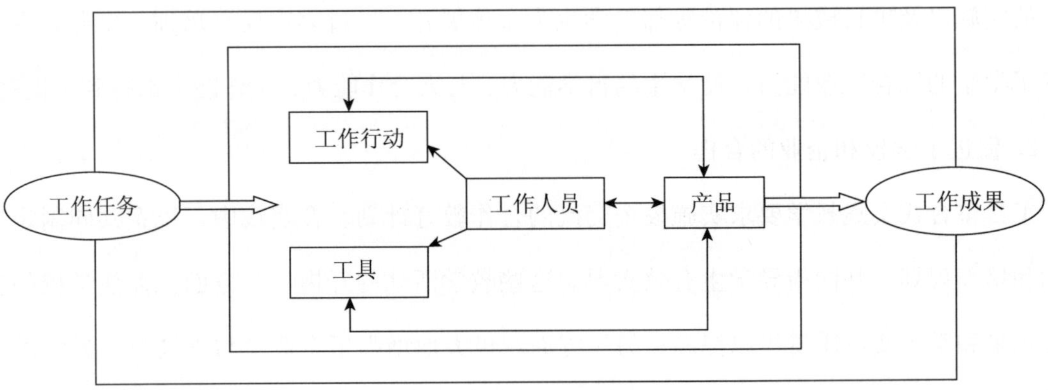

图3　工作过程组成要素[①]

工作过程是指在企业里完成一件工作任务而进行的一个完整的工作程序。不同企业的工作过程，都是工作人员、工具、产品和工作行动这几个要素在特定的工作环境中相互作用和相互协调，并按照一定的时间和空间顺序，使其达到要求的工作成果。

通过工学整合式实践教学，学生在工作实践中掌握劳动工具的使用、获得相宜的工作方法、善于与其他员工协作，进而完成自己岗位的工作任务，逐步实现从“新手”到“进步的初学者”的过渡；同时为学生今后的转岗或再就业提供长效的学习工具，为自身的可持续发展铺就前进道路。

① 赵志群．职业教育与培训学习新概念［M］．北京：科学出版社，2003：98.

工学整合式实践教学为学生岗位学习提供了一种方法指导，即围绕典型工作任务，学习企业的文化、组织结构、工作过程、工作环境，从而实现工作与学习的整合，理论与实践的整合，专业能力、方法能力和社会能力的整合。

通过工学整合式实践教学，使学生认识到掌握知识只是手段，最终目的是有效地完成工作任务。

以工作任务为中心制定岗位实习的课程内容，使学生掌握工作技术的渠道完全来自工作的过程。让学生通过完成工作任务，学习相关知识，使学与做融为一体，这正是工学整合式实践教学的精髓。

参 考 文 献

[1] 赵志群．职业教育与培训学习新概念［M］．北京：科学出版社，2003.

[2] R.M. 加涅，W.W. 韦杰，K.C. 戈勒斯．教学设计原理［M］．北京：北京师范大学出版社，2007.

On Teaching Approach of Work-integrated Learning[①]

(Beijing Vocational College of Transportation，LIU Heling)

Abstract：Teaching reform of vocational education should cover various stages in students education，including the reform of both the classroom teaching and students internship. The reform plan of vocational education curriculum should summarize the two aspects of "learning for work" and "learning in the process of work" and complement the two with each other.

The introduction of the concept of teaching reform to the practice is due to the development of the times，an important link in the teaching reform of the vocational education，and the effective measure of promoting students'employment.

The author made a creative exploration with reference to the German learning field curriculum mode， to practice the teaching approach of work-integrated learning in the students'practice link，with the working process designed as learning process.

Key words：work-integrated learning，learning field

The teaching approach of work-integrated learning is a kind of teaching method to integrate the students'learning and practice together. The teaching progress makes the working process the learning process，realizing the combination of work and learning，which is a mainstream of the international vocational education reform and development.

At present，there is a certain gap between the actual effect of the practice stage of

① This paper was published Chinese Vocational and Technical Education (24) in 2008 and reprinted in Beijing Vocational Education Research (2009) (1) .

students and the requirements in the professional teaching plan. There is no systematic assessment approach to test the mastering level of the school students to the practice skills, mostly following their own inclination. After the deadline of the internship, students often write a paper to cope with it. This is a common problem faced by many occupation schools.

In order to adapt to the requirements of the vocational education reform, to improve the quality of students'practice, the author explored the teaching approach of work-integrated learning on students'internship education management stage during the practice guidance, to establish a practical teaching process of work-integrated learning, and set up an evaluation criteria corresponding to the work-integrated practical teaching. It provides methods not only for the internship evaluation, but also for building a bridge for the students to enter the society to realize their lifelong learning.

1. The Mode of Work-integrated Practical Teaching

Work-integrated practical teaching is a teaching method based on the work-integrated learning. Work-integrated learning is defined by western scholars as the complete integration of the learning process and the working process, which requires to create new learning environments in the enterprise working site based on the cooperation between schools and enterprises. In order to meet the needs of students, and promote the growth of students, this study should be included as part of the teaching programme.

The theoretical basis of work-integrated learning is "the constructivist learning theory". The theory was founded by the famous Swiss psychologist Jean Piaget. He pointed out that knowledge is neither objective, subjective, but the gradual constructing result of individual interacted with the environment. Constructivist learning theory provides a theoretical basis for work-integrated learning.

In the internship process, through participating in the activities of production practice and the "interaction" with the external environment of enterprise production site, students "construct" the practical and theoretical knowledge to learn.

Setting the work as the learning process is the basic point of the work-integrated practical teaching.

In the exploration and practice of the work-integrated practical teaching, the paper designs three steps to carry out the work, including the teaching design, the action and the feedback.

The process is shown in Fig. 1.

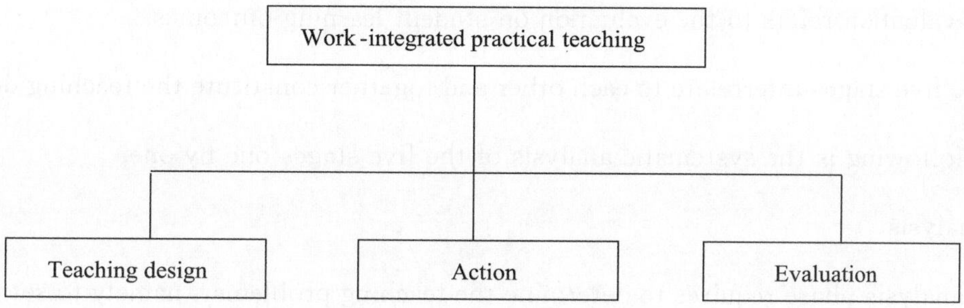

Fig. 1 Process of Work-integrated Practical Teaching

(1) Teaching Design

The paper adopts the basic model—ADDIE model (see Fig. 2) —the instructional system design process proposed by American scholar Gagne for the design of integrated practice teaching, in order to support the learning process of students and help them finish learning efficiently.

The ADDIE model consists of five stages, the first letters of the five stage are A, D, D, I, E, so it is called ADDIE model. Fig. 2 illustrates each stage of the model and how they are linked with each other.

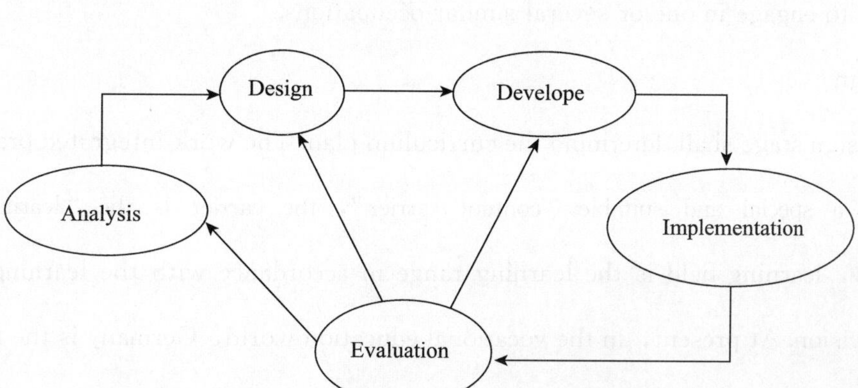

Fig. 2 ADDIE Model of the Teaching Design

The specific content of five stages of teaching design is: analysis refers to determining what problems to solve by teaching; design is the determination of the curriculum plan; development refers to the determination of data for learning environment; implementation refers to the establishment of a fully meet the environmental requirements of the learning management system; evaluation refers to the evaluation on student learning outcomes.

These five stages interrelate to each other and together constitute the teaching design system. The following is the systematic analysis of the five stages one by one.

①Analysis

The analysis phase requires to determine the teaching problems, namely to set the teaching objectives. The goal of work-integrated practical teaching is to help students have the ability to do the occupational work, namely to cultivate the student's occupation ability of action, including professional ability, which means to have the occupation required skills and related knowledge, including single and comprehensive skills and knowledge; method, which refers to the methods of work and the study required by the occupation, including work plan steps, the practical problem solving thinking mode, independent learning new technology methods, assessment results and so on; social ability, which means the behaviors required by the occupation, including interpersonal communication, public relations, occupation ethics, and environmental awareness.

Professional ability, method ability and social ability are also known as the key abilities, the abilities to engage in one or several similar occupations.

②Design

The design stage shall determine the curriculum plan. The work-integrated practical teaching requires a special and suitable "content carrier", the carrier is the "learning field". In pedagogy, learning field is the learning range in accordance with the learning content in different division. At present, in the vocational education world, Germany is the first country which successfully promote the "learning field" course.

With the German learning field curriculum model and according to the specific conditions of student internship in the enterprise, the paper aims to appropriately adjust the course content. The adjusted teaching contents will be used as the teaching program of work-integrated learning of the students.

Taking the example of students to a car sales service center, curriculum plan of the work-integrated learning is illustrated (see Tab. 1).

Tab. 1 Teaching Program of Work-integrated Learning for Automobile Business Majors

Professional name	Typical task name	Practice time
Automobile business	Automobile after-sale service	32 weeks
Typical occupation activity description		
Automobile after-sale service provides repair and maintenance services for customers, to meet the relative demand of customers in the after sale service of vehicles. The job is customer service advisor (SA), the role of SA is to build a bridge of communication between customers and dealers, through the provision of professional advice and professional repair and maintenance services of distributors to customers, to make the general customers become loyal customers, and bring benefits to dealers. The basic working process includes seven steps, and the work place is mainly located in the reception hall, rather comfortable environment.		
Learning objectives		
The total goal is to become a qualified receptionist repair receptionist. The specific objectives include: ①good language communication ability; ②the basic knowledge of the automobile; ③the rich knowledge of the automobile parts; ④certain repair practice ability; ⑤good occupation moral; ⑥a certain sense of responsibility.		
Learning content		
Tools: ①A variety of forms (such as work order, balance sheet, circular checklists etc.); ②the computer; ③printer.		

续 表

Work Methods: The process mainly includes seven steps, and the seven steps are: ①the reservation; ②the reception; ③the repair work order; ④the dispatching and production; ⑤the quality control; ⑥the delivery of the automobile; ⑦the tracking service after repair. Work Management: ①SA is mainly responsible for the items ①②③⑥⑦ in the seven steps. ②the workshop dispatcher and progress tracking worker assist the SA, responsible for the work dispatching and the repair progress tracking. ③the accessories department and workshop cooperate with SA, responsible for the materials supply and order required by the repair. Job requirements: ①fast and accurate determination of the breakdown reasons; ②emergency plan in special circumstances; ③ensuring the customer satisfaction.
Knowledge linking
The company's corporate culture: respect for humanity, wisdom and improvement, challenge, local site, team cooperation SA need to have basic knowledge of technology and warranty, including: ①in the maintenance, various models of the oil level. ②in the maintenance, various models of the transmission oil quantity.

The typical work task description is a specific professional work. Students shall be around the typical tasks— "automobile after-sale service" for learning, learning tools, work methods, learning enterprise culture, organizational structure, technical practical knowledge and technology theory. This is a distinctive feature of learning field curriculum plan.

3. Development

Development refers to the learning material determination. The learning materials of work-integrated practical teaching identified by Beijing Traffic School mainly include the following content: textbooks, professional dictionaries and other reference books; enterprise information materials and work arrangements; the using manners of machinery, equipment and tools.

4. Implementation

The implementation process shall determine the learning management system. the learning management system of work-integrated practical teaching adopted by Beijing Traffic School include: determine the typical tasks (school and enterprise); set learning goals (enterprises); guide the students to complete the learning content (school and enterprise); evaluate (school and enterprise) .

Through the above four stages, help students to complete work-integrated learning, and gradually realize the transition from novice to expert.

5. Evaluation

In the work-integrated practical teaching plan, it is necessary to establish a set of occupation ability evaluation index system (see Tab. 2), to evaluate integrated learning achievements of the students during the whole year of study in enterprises. This index system includes three aspects: professional ability, method ability and social ability. Each index includes four assessment contents, using the process control methods, to examine once a month. At last, the average annual achievement is taken as the final scores of students work-integrated learning.

Tab. 2　　　　Work-integrated Learning Evaluation Table

Time from:　　Month　　Day　　Year to　　Month　　Day　　Year

Name		Sex		Profession											
Evaluation Content				1	2	3	4	5	6	7	8	9	10	11	12
Profe-ssional Ability	Ability to work independently														
	Ability to use knowledge to solve problems														
	Ability to recognize all kinds of special equipment														
	Cognitive ability on the enterprise work system														
Method Ability	Ability of active learning related knowledge														
	Ability to use knowledge to infer other things from one fact														
	Flexibility to deal with the problem														
	Ability to work with the correct methods of work														
Social Ability	Good communication skills														
	Obey the work arrangement														
	Alert capability of the workplace safety														
	Environmental awareness														
Total															
Evaluator															
Standards: A, 5 points; B, 4points; C, 3points; D, 2 points; F, 1 point							Total								

Approved by:　　　　Audit:　　　　Tab:

(2) Implementation of Work-integrated Practical Teaching

The implementation of integrated practice teaching is divided into three stages.

On the first stage, before practice, students learn the content, methods, and tasks of field curriculum plan;

On the second stage, the guidance teachers at certain intervals in the practice supervise and instruct the students one by one in the enterprise, timely detecting various problems, correcting them, and giving feedback;

On the third stage, at the end of practice, the school and the enterprise form a joint review team to evaluate students. At the same time, the school holds the report meeting of excellent students in internship, and endows material prizes to the excellent students.

These three stages are relatively independent, with working content of each phase independently, and connected with each other to form a complete chain.

2. Effect of the Work-integrated Practical Teaching

(1) Promote the Student Occupation Ability

Through the study and practice of a learning field, students can get familiar with the work process of the enterprise, master the method of the working methods and skills. Through the completion of tasks, students can learn related skills and enrich their theoretical knowledge.

Students are the main body in, the gain of the work information, tool selection, process planning, the working step determination, project task implementation and the project result evaluation. After repeated training and guidance, students'comprehensive occupation ability are effectively cultivated, and the self-learning ability, cooperation ability with others and work ability have been improved.

(2) Enhance the Cooperation between Schools and Enterprises

The work-integrated practical teaching requires the implementation of cooperative education program between schools and enterprises. In practice, schools and enterprises jointly formulate the training objectives and planning to guide students practice effectively. These teaching activities on the one hand improve the school practice management and student quality; on the other hand greatly enhance the enterprise participating in the school education and teaching enthusiasm and sense of responsibility. Because of the cooperation process, enterprises realize the school is actually the reserve force training qualified students for the enterprise, and the school has become the enterprise human resources. The cooperation between schools and enterprises can cultivate a batch of qualified staff with strong ability, wide adaptability, solid skills, and comprehensive knowledge.

Work-integrated practical teaching is not only the school education project, but also the training project of enterprise staff, which is a win-win cooperation with mutual benefit. Through the cooperation between schools and enterprises, the enterprise can realize the importance of vocational education to the enterprise personnel training, at the same time, enhance the awareness of school training to cultivate the qualified skilled talents, to lay the foundation for long-term cooperation between schools and enterprises.

(3) Provide Teaching Materials for the School Curriculum Development

Through choosing the typical tasks, it provides the basis for the study content field determination for the professional classroom teaching. The learning field content finished by students can be used as the teaching reference materials of school teachers, so as to enrich the teaching content of teachers, make the classroom teaching closer to the actual operation, conducive to the combination of work and learning.

For example, the seven steps of the automobile after-sale service listed in Table 1 can be added to the course of customer service. It comes from the real work process of enterprises, which is of great significance to the teaching enrichment and teaching quality improvement. The internship accumulation of the successive generations of students in the practice learning field content provides valuable teaching materials for classroom teaching on work-integrated practice.

3. Significance of Work-integrated Practical Teaching

Work-integrated practical teaching is a set of methods to make students grasp essential work skills in job training, namely from the working process of the enterprise, through the operations, staff, tools, products, and the basic elements students learn how to work. (see Fig. 3)

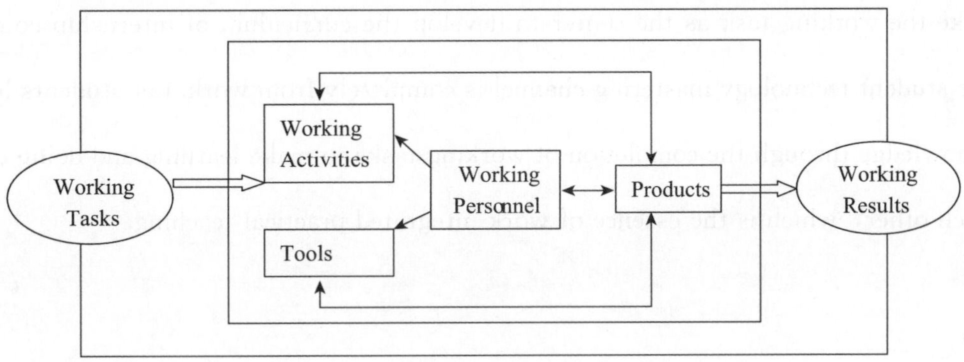

Fig. 3 Significance of Work-integrated Practical Teaching

The working process is a complete work program to complete a task in the enterprise. The working process of different enterprises is the interaction and mutual coordination of a few elements in the specific working environment including personnel, tools, products and work activities, together with a certain order in time and space, so as to meet the requirements of work.

Through work-integrated practical teaching, in practice, students master the use of tools, get suitable work methods, get on well with other staff, and then complete his working tasks, and gradually realize the transition from "novice" to "progressive beginners"; at the same time, it provides long-term effective learning tools for students in the future to transfer or re-employment, and pave the road for the student sustainable development.

Work-integrated practical teaching provides a guidance on a method of students'internship learning, namely around the typical working tasks, learn the enterprise culture, organization structure, working process, and working environment, so as to realize the integration of work and learning, the integration of theory and practice, the integration of professional ability, method ability and social ability.

Through work-integrated practical teaching, students are able to understand that the knowledge grasp is only a means, and the ultimate aim is to effectively complete the working task.

Take the working task as the center to develop the curriculum of internship course, so that the student technology mastering channel is completely from work. Let students learn related knowledge through the completion of working tasks to make learning and doing combine with each other, which is the essence of work-integrated practical teaching.

Reference

［1］ ZHAO Zhiqun. New Concept of Vocational Education and Training ［M］. Beijing: Science Press, 2003.

［2］ Robert M Gagne, Walter W Wager, Katharine Golas. Principles of Instructional Design ［M］. Beijing: Beijing Normal University Publishing Group, 2007.

顶岗实习教学创新的探索①

（北京交通运输职业学院　柳和玲）

摘要：在学生顶岗实习环节，建立以校企合作为框架，以工学结合为内容，借鉴德国学习领域课程模式，开展工学整合式实践教学，构建工学整合式实践教学课程方案，北京交通运输职业学院进行了创新性的探索。

关键词：学习领域，工学整合式实践教学

一、顶岗实习教学改革的背景

顶岗实习是中等职业学校工学结合人才培养模式的重要组成部分，是中等职业学校人才培养的一个重要阶段，也是中等职业学校一项重要的实践教学活动。

目前，很多中等职业学校都将顶岗实习理解为准就业，纳入学校就业工作来实施；学生和家长把顶岗实习理解为就业；企业把顶岗实习理解为新员工的试用期，以此来降低企业用工成本。与此同时，企业实习内容与学校专业教学也存在一定差距。学校对学生实习掌握的技能水平没有系统的考核办法，实习期满，学生常常以一份毕业论文应付了事。这种现象是当前众多中等职业学校共有的教育缺陷，即顶岗实习阶段的教育功能没有得到充分发挥和具体体现。

如何对学生在顶岗实习期间进行有效的教育教学管理，提高顶岗实习质量，实现工作与学习的结合，促进学生就业；如何满足社会对职业教育提出的更高更新的要求，即职业教育培养的学生不仅仅是技术的接受者，而且是技术创新的参与者和设计者。作为职业学校的教

① 本文2009年9月在《中国职业技术教育》(23)上发表。

师，背负着这样的历史使命，我们开始了实习改革的探索。

2008 年 9 月，北京交通运输职业学院成立了物流专业顶岗实习教学改革项目组，进行顶岗实习教学改革的探索工作。改革工作在 2008 年 9 月—2009 年 7 月的学年内开展。学校 2005 级物流专业 1 班和 2 班共 115 名学生作为学校实习改革的试点班级和参与者。

在学校领导的关心和指引下，实习改革项目组在学生顶岗实习环节逐步建立起以校企合作为框架，以工学结合为教学内容，借鉴国际上先进的职业教育课程模式，开展工学整合式实践教学，构建起工学整合式实践教学课程方案。

二、顶岗实习教学改革实施过程

（一）确定顶岗实习教学改革的目标（见图 1）

项目组首先确定了实习改革的工作重点：

①创新校企共同管理实习学生的工作模式。

②培养学生职业能力。

③为首都经济社会的发展，源源不断地输送高素质的技能型人才。

以上三项内容构成实习改革的目标。创建学校和企业共同对实习生进行管理的新模式，是顶岗实习教学改革的基础目标；培养学生的职业能力是顶岗实习教学改革的核心目标；为企业输送人才是实习改革的最终目标。

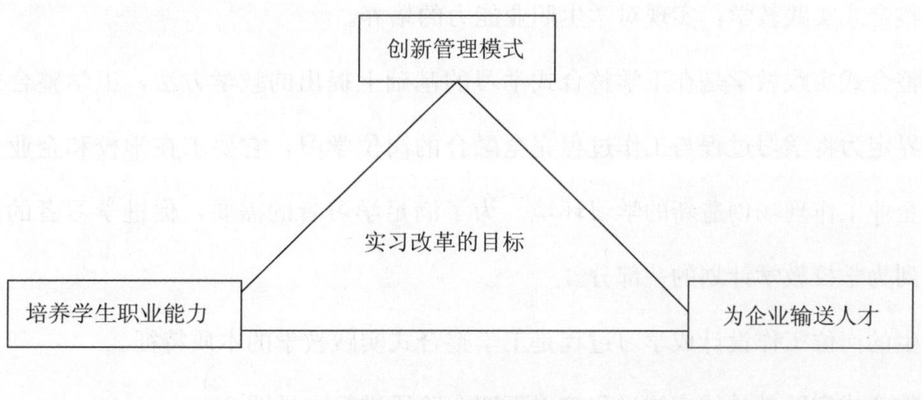

图 1　实习改革的目标

(二) 确定顶岗位实习教学改革方案

1. 创新管理模式

为了改变过去由学校实习指导教师对实习学生单一进行管理的状况，提高学校的实习管理水平和学生实习质量，实习改革项目组创建了学校和企业共同对实习学生进行管理的新模式，即建立校外辅导员制度。集合学校教师与企业辅导员的合作优势，共同承担对学生的实习指导任务。包括共同制定培养目标和培养规划，共同指导学生进行岗位学习，共同对学生的学习成果进行评价。

同时实习改革项目组确定了选聘校外辅导员的基本标准：

①辅导员所在企业是我校的长期合作伙伴。

②辅导员具有较强的责任心和较高的技术能力。

③企业择优推荐。

按照选聘辅导员的标准，实习改革项目组共分两批聘请了来自 28 家企业的 36 名校外辅导员。这些辅导员代表企业在工作一线培训学生，同时协助学校管理学生，他（她）们在校企合作中发挥着重要的双重作用。

2. 建立工学整合式实践教学课程方案

培养学生的职业能力是顶岗实习教学改革的核心目标。

培养学生的职业能力需要一个合适的内容载体，为此，我们将德国学习领域课程引入顶岗实习环节，并根据我校学生到企业顶岗实习的具体状况，对课程体系内容适当修改调整，开展工学整合式实践教学，实现对学生职业能力的培养。

工学整合式实践教学是在工学整合式学习的基础上提出的教学方法，工学整合式学习被西方学者界定为将学习过程与工作过程完全融合的岗位学习，它要求在学校和企业合作的基础上，在企业工作现场创造新的学习环境。为了满足学习者的需要，促进学习者的成长，这种学习应列为学校教学计划的一部分。

将学生的岗位工作设计成学习过程是工学整合式实践教学的本质特征。

工学整合式实践教学的实施过程按以下四个阶段进行（见图 2）。

①确定学习目标。

②确定学习内容。

③组织学习内容。

④评价学习结果。

以上四个阶段是相互依赖、不可分割的关系，确定教育目标是关键的步骤。因为教育目标的确定有助于学习内容和行为的选择，它们共同组成了课程的结构，并为评价教育计划是否成功提供基础。

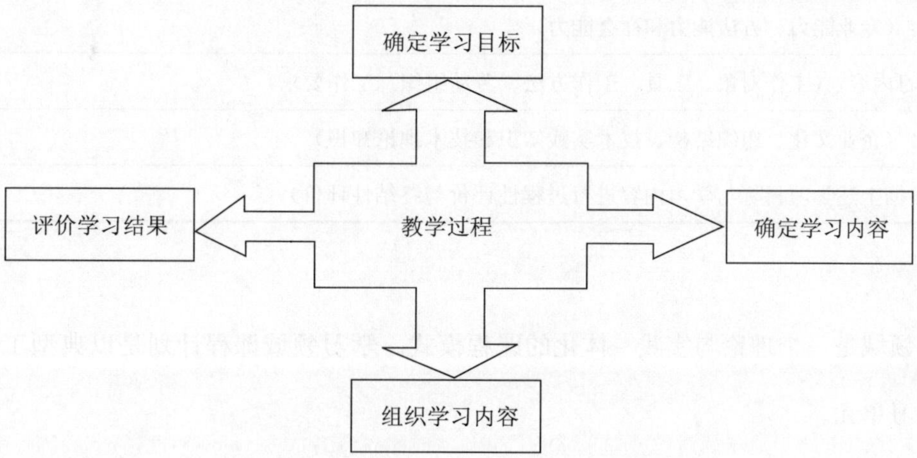

图 2　工学整合式实践教学的实施过程

（1）确定学习目标

学习目标是根据学生的实习岗位，由学校实习指导教师和企业辅导员共同制订。

职业能力的培养是学生岗位学习的总体目标，职业能力是指具备从事某一项职业所必需具备的能力，包括与具体职业密切相关的专业能力、方法能力和社会能力。具体内容包括以下五个方面：

①设计自身学习内容，规范学习行为。

②学习方法和工作方法的应用。

③合作与交流。

④独立性和责任心。

⑤承受力。

（2）确定学习内容

学习内容的选择是实现教育目标的基本手段。在学生顶岗实习环节，将调整后的德国学习领域课程计划作为学校工学整合式实践教学的课程内容（见表1）。

表1　岗位实习学习领域课程计划

专业名称	典型工作任务名称	实习时间
典型职业活动描述：		
学习目标：（专业能力、方法能力和社会能力）		
工作与学习内容：（工作对象、工具、工作方法、劳动组织、工作要求）		
知识链接：（企业文化、组织结构、技术实践知识和技术理论知识）		
评价：（根据上述学习目标与学习内容进行过程性评价与终结性评价）		

学习领域是一个理论与实践一体化的课程模式。学习领域课程计划是以典型工作任务为主题的学习单元。

典型工作任务描述的是一项专门的具体工作，学生围绕典型工作任务进行学习，学习企业的工作过程、技术实践知识、技术理论知识、了解企业的文化、组织结构、企业的经营环境（见图3）。从而实现工作与学习的整合，理论与实践的整合，专业能力、方法能力和社会能力的整合。

以典型工作任务为中心制订岗位实习的学习领域课程计划，使学生掌握工作技术的渠道完全来自工作的过程。让学生通过完成工作任务，学习相关知识，使学与做融为一体，这正是工学整合式实践教学的精髓。

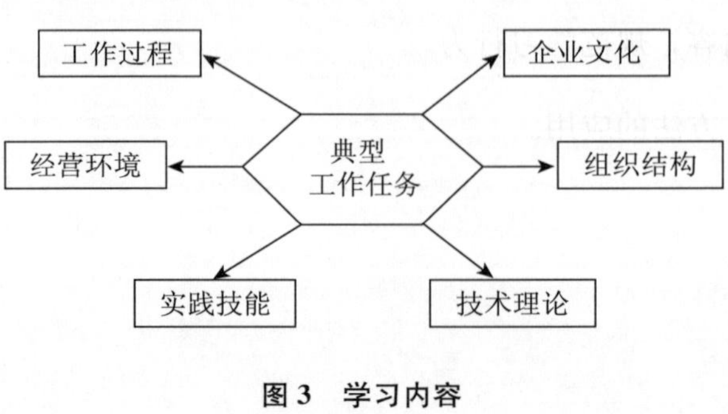

图3　学习内容

（3）组织学习内容

培养学生满足实际工作过程需要的职业能力离不开具体的工作情境，只有在具体的工作过程中，学生才能够学习和掌握独立的工作能力。

根据学生真实的工作任务，按照企业生产运作过程中的“完整的行动模式”组织教学是工学整合式实践教学的组织方式。完整的行动模式包括六个步骤，如图4所示。

①识别信息。分析工作任务要求、收集完成工作任务需要的各种信息。

②计划。制订完工作的步骤，可以制订几个不同的计划方案。

③决策。在制订的几个计划方案中确定一个。

④实施。按照工作计划实施。

⑤评估。对实施结果进行评估。

⑥总结。对实施任务的过程进行总结。

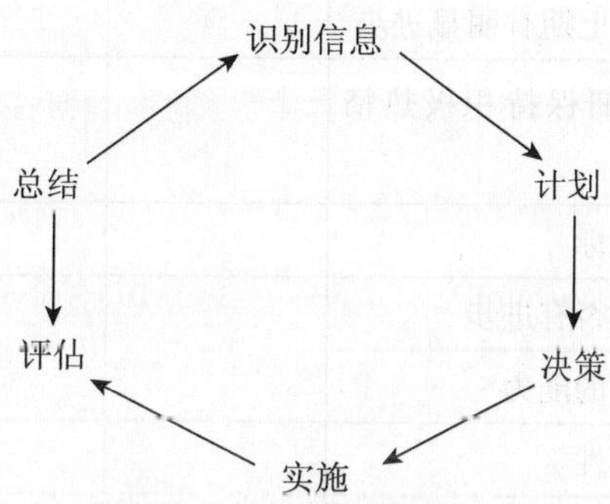

图4　完整的行动模式

以上六个步骤是通过让学生解决真实性问题来获取知识，并获得能力提高的一种行动导向式的教学方法。

学生在解决问题的过程中可借鉴的资料包括：教科书、专业词典和其他工具书；企业信息材料和工作安排资料；机器、设备和工具的使用说明。

（4）评价学习结果

评价学习结果是考核学习内容达到实际预期的重要一环。因此，评价工作实质上是确定课程与实际达到目标程度的过程。工学整合式实践教学的评价包括过程性评价和终结性评价。

为此，我们建立了比较完善的评价指标体系。

以企业辅导员、学校指导教师和实习学生三方共同参与实习效果评价，评价结果的权重比例是：企业辅导员占50%，学校指导教师占30%，学生占20%。

①过程性评价指标。这个指标体系包括三个方面：专业能力、方法能力和社会能力。其中每项指标设定四个考核内容，考核方式采用过程控制方法，每月考核一次，最后以全年的平均成绩作为学生岗位学习的最终成绩。学习过程评定表如表2所示。

表2　　学习过程评定表

考核时间：　　年　　月　　日至　　年　　月　　日

<table>
<tr><td>姓　名</td><td></td><td>性　别</td><td colspan="3"></td><td colspan="3">专　业</td><td colspan="5"></td></tr>
<tr><td colspan="2">考　核　内　容</td><td>1</td><td>2</td><td>3</td><td>4</td><td>5</td><td>6</td><td>7</td><td>8</td><td>9</td><td>10</td><td>11</td><td>12</td></tr>
<tr><td rowspan="4">专业能力</td><td>是否依照标准服务要求和操作流程进行工作</td><td></td><td></td><td></td><td></td><td></td><td></td><td></td><td></td><td></td><td></td><td></td><td></td></tr>
<tr><td>工作效率与熟练程度是否较上期有明显进步</td><td></td><td></td><td></td><td></td><td></td><td></td><td></td><td></td><td></td><td></td><td></td><td></td></tr>
<tr><td>是否对岗位工作的技术钻研保持积极热情态度</td><td></td><td></td><td></td><td></td><td></td><td></td><td></td><td></td><td></td><td></td><td></td><td></td></tr>
<tr><td>是否达到公司的岗位培养目标</td><td></td><td></td><td></td><td></td><td></td><td></td><td></td><td></td><td></td><td></td><td></td><td></td></tr>
<tr><td rowspan="4">方法能力</td><td>在正确选择与使用工具上是否有进步</td><td></td><td></td><td></td><td></td><td></td><td></td><td></td><td></td><td></td><td></td><td></td><td></td></tr>
<tr><td>是否具有举一反三运用知识的能力</td><td></td><td></td><td></td><td></td><td></td><td></td><td></td><td></td><td></td><td></td><td></td><td></td></tr>
<tr><td>处理问题是否具有灵活机动性</td><td></td><td></td><td></td><td></td><td></td><td></td><td></td><td></td><td></td><td></td><td></td><td></td></tr>
<tr><td>是否主动学习相关知识</td><td></td><td></td><td></td><td></td><td></td><td></td><td></td><td></td><td></td><td></td><td></td><td></td></tr>
<tr><td rowspan="4">社会能力</td><td>是否恪守公司各项规章制度</td><td></td><td></td><td></td><td></td><td></td><td></td><td></td><td></td><td></td><td></td><td></td><td></td></tr>
<tr><td>是否积极与同事进行工作沟通，同事关系是否融洽</td><td></td><td></td><td></td><td></td><td></td><td></td><td></td><td></td><td></td><td></td><td></td><td></td></tr>
<tr><td>劳动态度是否积极，是否服从工作安排，是否保持昂扬的精神面貌</td><td></td><td></td><td></td><td></td><td></td><td></td><td></td><td></td><td></td><td></td><td></td><td></td></tr>
<tr><td>是否具有安全意识</td><td></td><td></td><td></td><td></td><td></td><td></td><td></td><td></td><td></td><td></td><td></td><td></td></tr>
<tr><td colspan="2">总　分</td><td colspan="3"></td><td colspan="3"></td><td colspan="3"></td><td colspan="3"></td></tr>
<tr><td colspan="2">考核者</td><td colspan="3"></td><td colspan="3"></td><td colspan="3"></td><td colspan="3"></td></tr>
<tr><td colspan="2">标准：优5分、良4分、中3分、差2分、劣1分</td><td colspan="6"></td><td colspan="3">总　分</td><td colspan="3"></td></tr>
</table>

核准：　　　　　　审核：　　　　　　制表：

②终结性评价指标体系。

终结性评价指标体系，我们从两方面建立：一是评价完成课程的作业质量，二是针对实际岗位的工作状态，评价其学习效果。学习结果评定表如表 3 所示。

表 3　　学习结果评定表

评价指标			分值（分）	评分			合计
				学生（20%）	教师（30%）	企业（50%）	
学习领域认识		学习态度	10				
		作业质量	10				
	知识链接	概括知识	10				
		关联知识	10				
		专业知识	10				
学习成果		岗位目标	10				
		工作态度	10				
		知识应用	10				
		合作交流	10				
		安全意识	10				
合计			100				
评分标准			优：9～10 分、良：7～8 分、中：5～6 分、差：3～4 分、劣：1～2 分				

3. 顶岗实习教学改革的实施

工学整合式实践教学的实施我们分为三个阶段。

第一阶段，实习前，指导老师对学生进行学习领域课程计划的内容介绍、方法讲解、学习任务布置；

第二阶段，实习中，指导教师到企业里与校外辅导员一起对学生逐一进行指导，及时发现各种问题，及时纠正、及时反馈；

第三阶段，实习结束时，由学校方面和企业方面共同组成联席评审小组，对教学结果进行综合评价。同时，学校召开优秀实习学生实习成果汇报大会，并对优秀实习学生予以物质奖励。

上述这三个阶段，既相对独立、保持各个阶段各自独立的工作内容，又前后接应连缀成一体，构成一个完整的工作链。

三、顶岗实习教学改革的效果

1. 促进了学生职业能力的提高

学生通过学习领域课程，能够熟悉实习企业的工作流程，掌握所在岗位的工作方法、技能技巧，通过完成工作任务，学习相关的技术本领，并且丰富理论知识。

学习中，关于工作信息的获取，工具的选择，工艺过程的制定，工作步骤的确定，项目任务的实施以及项目成果的评价等都以学生为主体展开，经过多次反复培训、指导，有效地培养了学生的综合职业能力，使学生的自学能力、与人合作能力、工作能力都得到了提高。逐步实现从“新手”到“进步的初学者”的过渡，实现其岗位成才，顺利就业。

同时，学习领域课程计划为学生今后的转岗或再就业提供了长效的学习工具，为学生自身的可持续发展铺就了前进道路。目前在参加实习改革的试点班中，已有90％的学生被实习企业留用，录取为正式员工。

2. 促进了学校和企业的合作

工学整合式实践教学要求实施校企交流的合作教育计划。在实践中，校企共同制订培养目标和培养规划，共同指导学生有效实习。这些教学活动的开展，一方面，促使学校的实习管理水平和学生实习质量得以提高；另一方面，又极大地增强了企业参与学校教育教学的积极性和责任感。因为合作过程，企业认识到学校实际上是在为企业培养合格的后备力量，学校已经成为企业的人力资源库。校企共同合作能够为企业培养一批能力强、适应面宽、技能扎实、知识全面的合格员工。

工学整合式实践教学既是学校的育人工程，又是企业的员工培训工程，这是双惠互赢的教育合作。通过校企合作，企业认识到职业教育对企业人才培养的重要性，与此同时，学校增强了培养合格技能型人才的自觉性，为学校与企业的长期合作奠定了基础。在实习改革开展过程中，受聘辅导员所在的企业都已成为学校的的实习教学基地。

3. 为学校的课程开发提供了教学素材

通过学生所在企业、所在岗位的典型工作任务的确定，为学校专业课堂教学的学习领域内容的确定提供了基础，学生完成的学习领域课程内容可以作为学校教师的教学参考资料，进而丰富教师的课堂教学内容，使课堂教学更贴近企业运作实际，有利于实现工学结合。

四、结语

在项目组实习改革的探索过程中，无论是参与试验的企业，还是参加实习的学生，都对此项实践教学好评不断。这充分证明我们的工作方向是正确的，我们的探索之路是光明的。可以说，我们为职业学校顶岗实习教学改革开辟了一条新路，我们正在进行着前所未有的创新性劳动。

我们坚信，我们的改革不仅仅使北京交通运输职业学院的实习学生们受益，而且还将为我国职业教育教学改革做出我们的贡献。

2009 年 6 月 3 日，学校召开了实习改革总结大会，学校领导对在“学习领域课程”学习中成绩优异并获得实习单位好评的 16 名优秀学生，以及对在我校实习改革的探索中做出特殊贡献的 5 名辅导员进行了表彰。

通过半年来实习改革项目组实习改革的探索，我们认为，在中等职业学校顶岗实习环节进行教学改革，进行工学整合式实践教学的探索，是贯彻“以服务为宗旨、以就业为导向”的教育方针，实现工学结合人才培养模式的有效运用。这对于真正提高学生顶岗实习质量，帮助学生进行岗位学习，从而实现工作与学习的整合，理论与实践的整合，专业能力、方法能力和社会能力的整合；为学生岗位学习提供方法指导，为学生终身学习与可持续发展提供一种方法论基础，都具有重要的现实意义。

教学改革的根本目标是提高学校教育教学质量，为社会培养职业人才，这是学校为了获得永续发展而建立的长效机制，教学改革不仅包括课堂教学的改革，也包括顶岗实习环节的改革，即改革应贯穿于学生教育的所有阶段。

将教学改革的理念引入顶岗实习阶段是时代发展的要求，是职业教育教学改革的重要环节，是促进学生就业的有效措施。

教育是以滴水穿石的方式产生作用的过程。实习改革是一项充满艰辛的探索工作，在这条探索之路上，我们将勇往直前，努力跋涉，为社会职业人才的培养贡献我们的力量，为工学整合式实践教学在我国职业教育领域的推广做出努力。

参考文献

[1] 姜大源．当代德国职业教育主流教学思想研究［M］．北京：清华大学出版社，2007.

[2] 赵志群．职业教育与培训学习新概念［M］．北京：科学出版社，2003.

[3] 徐国庆．实践导向职业教育课程研究［M］．上海：上海教育出版社，2005.

[4] 欧盟项目．Asia－Link“关于课程开发的课程设计”课题组［M］．北京：高等教育出版社，2007.

工学整合式教学模式研究[①]

（北京交通运输职业学院　柳和玲）

摘要：本文描述了工学整合式教学模式的内容和四位一体的工学整合式教学实施方案。为我国职业技术院校顶岗实习阶段进行教学改革提供了理论指导和实践示范。

关键词：顶岗实习，工学整合式实践教学，工学整合式教学模式

教学模式是指在一定教学思想或教学理论指导下建立起来的，较为稳定的教学活动结构框架及其具体可操作的教学活动方案。工学整合式教学模式是指在工学整合教学思想指导下建立的工作与学习一体化的实践教学活动方案。

工学整合是指建立工作与学习的内在联系，工学整合是当前国际职业教育发展的趋势。在职业教育卓有成效开展的德国，其建立的学习领域课程方案就是工学整合式的教学方案。近年来，在澳大利亚、美国、英国等国家，工学整合的教育思想也被普遍运用。

在我国，对于工学整合式教学模式的研究还比较匮乏。目前，在职业院校开展或推广这种先进的教学模式，还缺乏系统化的指导。

本文作者在近三年的顶岗实习教学改革工作实践中，将学生顶岗实习阶段的工作过程设计为学习过程，进行工学整合式实践教学的探索，逐步构建起以培养学生职业能力作为目标的工学整合式教学模式；从企业、学校、教师和学生四个维度建立了工学整合式教学实施方案。对于我国职业院校开展顶岗实习教学改革，实现工学结合，提高顶岗实习教学质量，提供了理论指导和实践示范。

将学生顶岗实习阶段的工作过程设计成学习过程，进行工作与学习一体化的教学组织，

---

① 该文 2011 年在《北京职业教育研究》和《交通职业教育》同时发表。在中国职业技术教育学会职教期刊编辑专业委员会“第八次全国优秀职教文章”评选中获得三等奖；在教育部职业技术教育中心研究所、中国职业技术教育学会、《中国职业技术教育》编辑部第 13 届（2011 年）全国职业教育优秀论文评选活动中荣获三等奖。

是工学整合式教学的本质特征。

一、工学整合式教学模式

工学整合式教学模式是指在工学整合教学思想指导下建立的工作与学习一体化的实践教学活动方案。

工学整合式教学模式的结构框架包括四个部分（见图 1）。

①工学整合式教学教学目标。

②工学整合式教学教学内容。

③工学整合式教学组织方式。

④工学整合式教学成果评价。

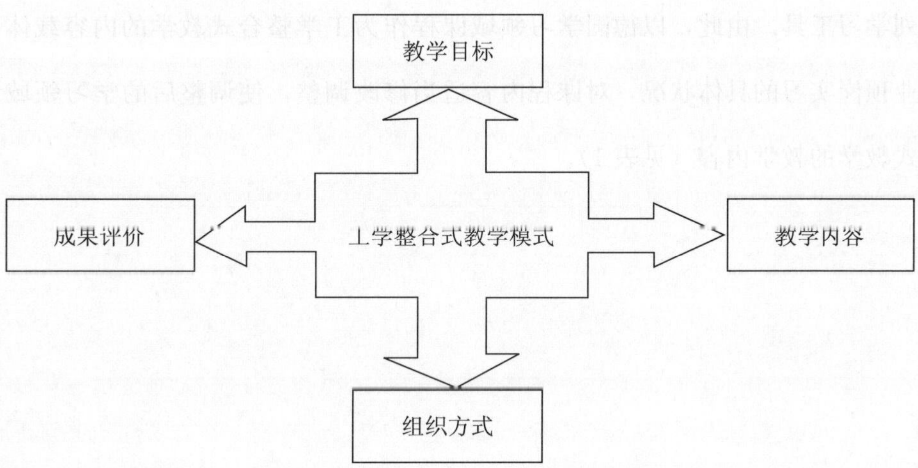

图 1　工学整合式教学模式

以上四个阶段是相互依赖、不可分割的关系。确定教学目标是工学整合式教学的关键步骤。因为教学目标的确定是教学内容和教学策略选择的基础，它们共同组成了教与学的结构，并为评价教育计划是否成功提供依据。

1. 工学整合式教学教学目标

促进学生职业能力的发展是工学整合式教学的核心目标。学生的实习岗位不同，目标的具体内容也各不相同。

职业能力是指从事某一项职业所必须具备的能力，具体包括以下七个方面：

①设计自身学习内容，规范学习行为；

②独立完成工作；

③知识应用；

④合作与交流；

⑤获取、处理、应用信息；

⑥责任心；

⑦承受力。

2. 工学整合式教学的教学内容

开展工学整合式教学，培养学生的职业能力，需要一个相适应的内容载体。德国的学习领域课程是理论与实践一体化的课程模式，它为学生进行岗位学习提供了层次丰富、结构完整的一系列学习工具。由此，以德国学习领域课程作为工学整合式教学的内容载体，并根据学生到企业顶岗实习的具体状况，对课程内容适当修改调整，使调整后的学习领域课程作为工学整合式教学的教学内容（见表1）。

表 1　　　　　　　　　　顶岗实习学习领域课程

<table>
<tr><td>专业名称</td><td>典型工作任务名称</td><td>实习时间</td></tr>
<tr><td></td><td></td><td>周</td></tr>
<tr><td colspan="3">典型工作任务描述</td></tr>
<tr><td colspan="3"></td></tr>
<tr><td colspan="3">学习目标</td></tr>
<tr><td colspan="3"></td></tr>
<tr><td colspan="3">工作与学习内容</td></tr>
<tr><td>● 工作对象</td><td>● 工具
● 工作方法
● 劳动组织</td><td>● 工作要求</td></tr>
<tr><td colspan="3">知识链接</td></tr>
<tr><td colspan="3"></td></tr>
<tr><td>评价（企业）</td><td colspan="2"></td></tr>
</table>

学习领域课程的学习，是围绕企业的典型工作任务进行的。

典型工作任务描述的是一项专门的具体工作，学生围绕典型工作任务进行学习，学习企业的工作过程、实践技能、技术理论，了解企业文化、组织结构、设备（见图2），从而实现工作与学习的融合，理论与实践的融合，专业能力、方法能力和社会能力的融合。

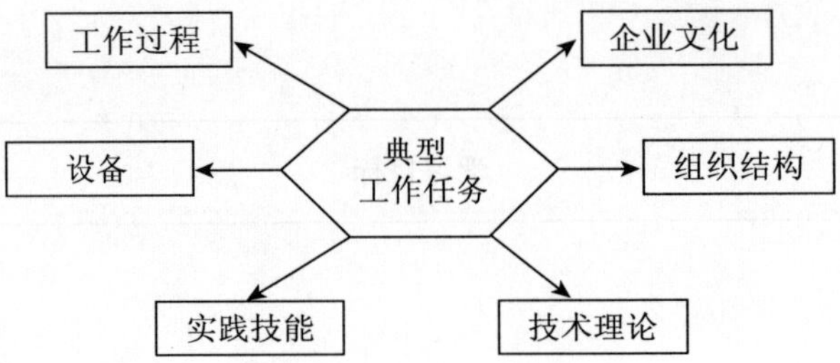

图2　工学整合式教学内容

以典型工作任务为中心，制订顶岗实习学习领域课程计划。使学生掌握工作技术的渠道，完全来自工作的过程。让学生通过完成工作任务，学习相关知识，使学与做融为一体，这正是工学整合式教学的精髓。

3. 工学整合式教学组织方式

根据学生实习岗位的具体工作任务确定典型工作任务名称，以企业完整的行动模式组织教学，即为工学整合式教学的组织方式。

企业完整的行动模式包括六个步骤（见图3）。

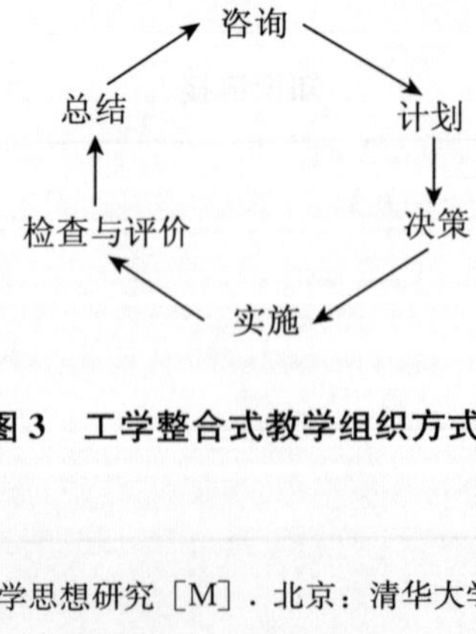

图3　工学整合式教学组织方式[①]

① 姜大源．当代德国职业教育主流教学思想研究［M］．北京：清华大学出版社，2007：225.

①咨询：分析学习任务要求、收集完成学习任务需要的各种信息。

②计划：制订完成学习任务的步骤，可以制订几个不同的教学方案。

③决策：在制订的教学方案中选定一个。

④实施：按照选定的教学方案实施。

⑤检查与评价：对教学过程进行检查和评价。

⑥总结：对实施过程进行总结。

以上六个步骤，是通过让学生亲身参与解决真实的工作任务来获取知识，以提高学习能力。

学生在解决问题的过程中可借鉴的资料包括：教科书、专业词典和其他工具书；企业信息材料和工作安排资料；机器、设备和工具的使用说明等。

4. 工学整合式教学成果评价

评价学习成果是考核教学是否达到实际预期的重要一环，因此，评价工作实质上是确定课程与实际达到目标程度差距的过程。工学整合式教学的评价方法是以企业、学校和实习学生三方共同参与学习成果的评定，评价结果的权重比例是：企业占50%，学校占30%，学生占20%；评价指标包括过程性评价指标和终结性评价指标。

①过程性评价指标体系。过程性评价指标包括三个方面：专业能力、方法能力和社会能力。其中每项指标设定四项考核内容，考核方式采用过程控制方法，每月考核一次，最后以全年的平均成绩作为学生岗位学习的最终成绩，评价指标如表2所示。

②终结性评价指标。终结性评价指标包括两个方面：一是评价完成课程的作业质量，二是针对实际岗位的工作状态，评价其学习效果，评价指标如表3所示。

表 2 学习过程评定表

姓名		性别		专业									
考核内容		1	2	3	4	5	6	7	8	9	10	11	12
专业能力	是否依照标准服务要求和操作流程进行工作												
	工作效率与熟练程度是否较上期有明显进步												
	是否对岗位工作的技术钻研保持积极热情态度												
	是否能够运用理论知识解决实际问题												
方法能力	在正确选择与使用工具上是否有进步												
	是否具有举一反三运用知识的能力												
	处理问题是否具有灵活机动性												
	是否主动学习相关知识												
社会能力	是否恪守公司各项规章制度												
	是否积极与同事进行工作沟通，同事关系是否融洽												
	劳动态度是否积极，是否服从工作安排												
	是否具有安全意识												
总分													
考核者													
标准：优 5 分、良 4 分、中 3 分、差 2 分、劣 1 分					总分								

核准： 审核： 制表：

表 3　　　　　　　　　　　　　　　　　学习结果评定表

<table>
<tr><th colspan="3" rowspan="2">评价指标</th><th rowspan="2">分值（分）</th><th colspan="3">评　分</th><th rowspan="2">合　计</th></tr>
<tr><th>学生（20%）</th><th>教师（30%）</th><th>企业（50%）</th></tr>
<tr><td rowspan="5">学习领域认识</td><td colspan="2">学习态度</td><td>10</td><td></td><td></td><td></td><td></td></tr>
<tr><td colspan="2">格式规范</td><td>10</td><td></td><td></td><td></td><td></td></tr>
<tr><td rowspan="3">作业质量</td><td>概括知识</td><td>10</td><td></td><td></td><td></td><td></td></tr>
<tr><td>关联知识</td><td>10</td><td></td><td></td><td></td><td></td></tr>
<tr><td>专业知识</td><td>10</td><td></td><td></td><td></td><td></td></tr>
<tr><td rowspan="5">学习成果</td><td colspan="2">独立完成工作</td><td>10</td><td></td><td></td><td></td><td></td></tr>
<tr><td colspan="2">工作态度</td><td>10</td><td></td><td></td><td></td><td></td></tr>
<tr><td colspan="2">知识应用</td><td>10</td><td></td><td></td><td></td><td></td></tr>
<tr><td colspan="2">合作交流</td><td>10</td><td></td><td></td><td></td><td></td></tr>
<tr><td colspan="2">安全意识</td><td>10</td><td></td><td></td><td></td><td></td></tr>
<tr><td colspan="3">合　　计</td><td>100</td><td></td><td></td><td></td><td></td></tr>
<tr><td colspan="3">评分标准</td><td colspan="5">优：9～10 分，良：7～8 分，中：5～6 分，差：3～4 分，劣：1～2 分</td></tr>
</table>

二、工学整合式教学模式的应用

在职业院校顶岗实习阶段开展工学整合式教学，需要从学校、企业、学生和教师四个维度进行。

（一）建立四维模型

以系统方法为指导，建立四维模型（见图 4），开展工学整合式教学。

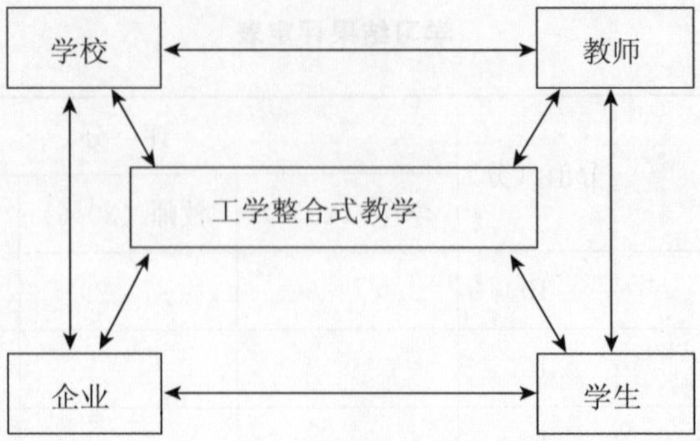

图 4　四维模型

（二）实施方法

工学整合式教学的开展应分为实习前布置、实习中指导和实习后总结三个阶段（见图 5）。

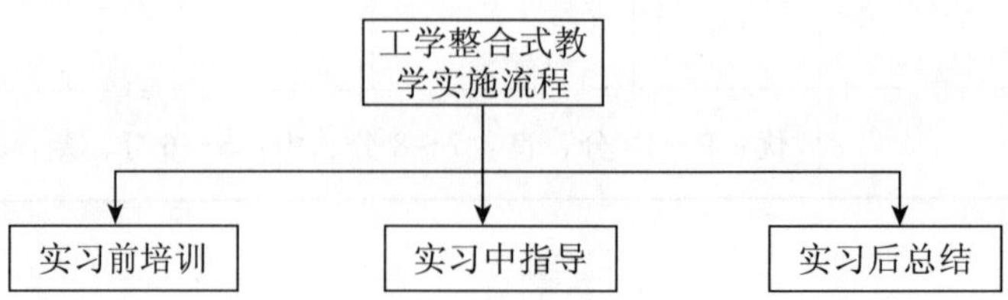

图 5　实施流程

本文只从学校维度，阐述如何开展工学整合式实践教学。

1. 组织建设

工学整合式实践教学是一项系统的工程，需要专门的机构进行管理和实施。学校应成立类似“实习管理中心”的职能机构，整合学校各方资源，为全校所有专业开展工学整合式教学提供全面的方法指导，同时促进学校顶岗实习管理工作的提升。

带有实习管理中心的学校的组织方式可以采用矩阵形式，如图 6 所示。

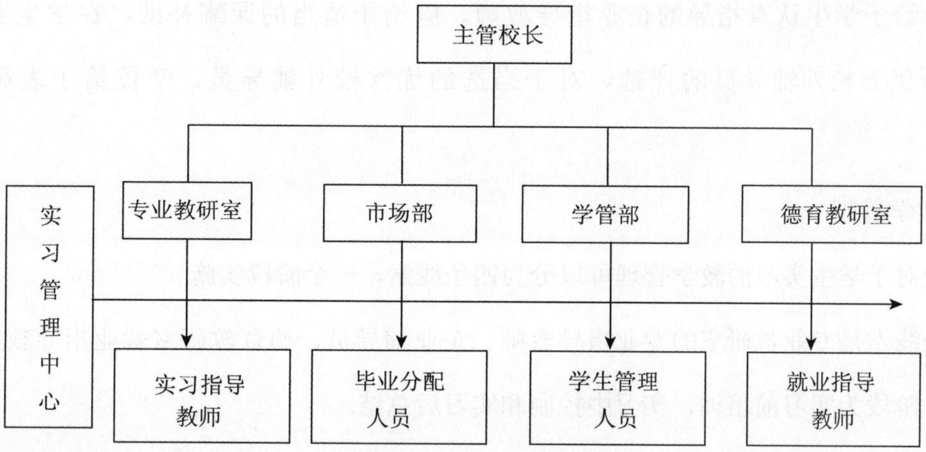

图6　组织结构

2. 建立企业辅导员制度

(1) 创新顶岗实习管理模式

对于与学校合作、接收学生实习的企业，应负责推荐企业辅导员，对学生实习期间的学习与工作配合学校给予指导，即建立企业辅导员制度。

建立企业辅导员制度可以集合学校教师与企业辅导员的合作优势，共同承担对学生的实习指导任务。包括共同制定培养目标和培养规划，共同指导学生进行学习领域课程的学习，共同对学生的学习成果进行评价。

学校对企业推荐的辅导员进行审核，对于审核合格的企业辅导员颁发正式的聘书。

建立企业辅导制度改变了过去由学校实习指导教师对实习生单一进行管理的状况，可以说，创建学校和企业共同对实习生进行管理的新模式是工学整合式教学开展的基本前提。

(2) 确定选聘企业指导教师的标准

学校选聘企业指导教师的基本标准主要包括以下三个方面：

①企业指导教师所在企业是学校的长期合作伙伴。

②企业择优推荐。

③企业指导教师具有较强的责任心和较高的技术能力。

(3) 建立企业指导教师的管理办法

对于给予学生认真指导的企业指导教师，应给予适当的课酬补助，在学生实习结束时，进行优秀校外辅导员的评选，对于当选的优秀校外辅导员，学校给予表彰和物质奖励。

3. 教学管理

学校对于学生实习的教学管理可以分为四条线索，三个阶段实施。

四条线索是专业教研室的专业指导教师、企业辅导员、德育教研室就业指导教师和班主任；三个阶段为实习前培训、实习中控制和实习后总结。

三、工学整合式教学模式应用的效果

工学整合式教学是一项校企合作计划，开展工学整合式教学可以有效地实现学校、企业、教师和学生的有机整合。工学整合式教学的内容载体是学习领域课程。学习领域课程为校企合作建立了一个平台，学校和企业共同对学生进行教学指导和实习管理；学生学习学习领域课程的效果检验是学校对实习指导教师进行管理的一个有效工具。

开展工学整合式教学，使学生带着明确的目标去实习、去学习，有了努力的方向，提高了顶岗实习的效率和质量。学生们来自企业一线的学习资料又可成为教师教学的第一手资料，教师在指导学生完成实习课程的学习过程中，获得了有益的启示。开展工学整合式教学使学校、企业、教师和学生四方受益，使学生实习有目标、有方向，提高了顶岗实习质量，使教师对学生的指导有依据，收获的具体内容表现为以下几个方面。

（一）开展工学整合式教学对学生的意义

1. 促进了学生结合职业能力的提高

学生通过一个学习领域课程的学习和实践，能够熟悉实习企业的工作过程，掌握所在岗位的工作方法、技能技巧，通过完成工作任务，学习相关的技术本领，丰富理论知识。

学习中，关于工作信息的获取、工具的选择、工艺过程的制订、工作步骤的确定、项目任务的实施，以及项目成果的评价等都以学生为主体展开，经过多次反复培训、指导，有效地培养了学生的综合职业能力，使学生的自学能力、与人合作能力、工作能力都得到了提高。

2. 为学生终身学习提供一种方法指导

工学整合式教学，使学生在岗位实习中，学习掌握工作技能要领的一套方法，即从企业的工作过程入手，通过工作人员、工具、产品和工作行动，基本组成要素学会如何工作（见图 7）。

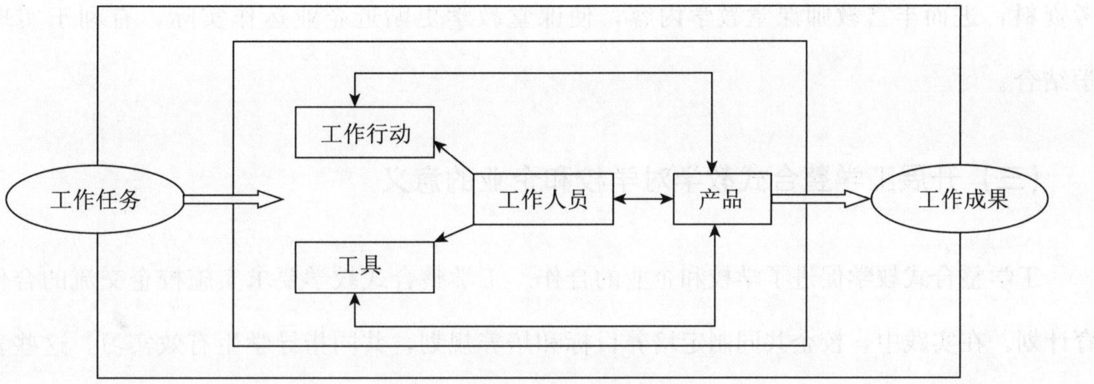

图 7　工作过程组成要素①

工作过程是指在企业里完成一件工作任务而进行的一个完整的工作程序。不同企业的工作过程，都是工作人员、工具、产品和工作行动这几个要素在特定的工作环境中相互作用和相互协调，并按照一定的时间和空间顺序，使其达到要求的工作成果。

通过工学整合式教学，学生在工作实践中掌握劳动工具的使用，获得相宜的工作方法、善于与其他员工协作，进而完成自己岗位的工作任务，逐步实现从“新手”到“进步的初学者”的过渡；同时，为学生今后的转岗或再就业提供长效的学习工具，为自身的可持续发展铺就前进道路。

工学整合式教学为学生岗位学习提供了一种方法指导，即围绕典型工作任务，学习企业的文化、组织结构、工作过程、工作环境，从而实现工作与学习的整合，理论与实践的整合，专业能力、方法能力和社会能力的整合。

通过工学整合式教学，使学生认识到掌握知识只是手段，最终目的是有效地完成工作任务。

① 赵志群．职业教育与培训学习新概念［M］．北京：科学出版社，2003：98.

（二）开展工学整合式实践教学对教师的意义

为学校的课程开发提供了教学素材，为教师的课程改革提供了第一手资料。

通过学生所在企业、所在岗位的典型工作任务的确定，为学校专业课堂教学的学习领域内容的确定提供了基础，学生完成的学习领域课程内容可以作为学校教师的教学参考资料，进而丰富教师课堂教学内容，使课堂教学更贴近企业运作实际，有利于实现工学结合。

（三）开展工学整合式教学对学校和企业的意义

工学整合式教学促进了学校和企业的合作。工学整合式教学要求实施校企交流的合作教育计划。在实践中，校企共同制定培养目标和培养规划，共同指导学生有效实习。这些教学活动的开展，一方面，促使学校的实习管理水平和学生实习质量得以提高；另一方面，又极大地增强了企业参与学校教育教学的积极性和责任感。因为合作过程，企业认识到学校实际上是在为企业培养合格的后备力量，学校已经成为企业的人力资源库。校企共同合作，能够为企业培养一批能力强、适应面宽、技能扎实、知识全面的合格员工。

工学整合式教学既是学校的育人工程，又是企业的员工培训工程，这是双惠互赢的教育合作。通过校企合作，使企业认识到职业教育对企业人才培养的重要性，与此同时，又增强了学校培养合格的技能型人才的自觉性，为学校与企业的长期合作奠定了基础。

综上所述，职业学校在顶岗实习阶段进行教学改革，开展工学整合式教学，实现了以下三个方面的变革。

①学习过程的变革。改变了以往实习阶段撰写实习报告的机械僵化形式，将实习考核设计为岗位课程的全过程学习，使学生实现向企业合格员工转型的优化塑造目标。

②教学过程的变革。将以往指导实习报告的撰写改变为全部实习过程的岗位工作认知指导，履行着教育促进学生发展的使命。

③评价过程的变革。实习质量评价，改变以往由学校教师单一评价，整合为教师、学生和企业共同参与，突出了企业在职业教育中的主体作用，强化了学校与企业联袂育人的教育

功能。

工学整合式教学模式的构建为职业技术院校学生职业能力的培养建立了一条崭新的途径。它不仅可以应用于中等职业学校顶岗实习阶段的教学管理，还可应用于高等职业技术院校相同阶段的教学管理。同时，工学整合式教学模式不仅可以应用于顶岗实习阶段，还可以应用于校内实训教学与课程开发领域。

参考文献

[1] 姜大源．当代德国职业教育主流教学思想研究［M］．北京：清华大学出版社，2007.

[2] 赵志群．职业教育与培训学习新概念［M］．北京：科学出版社，2003.

On the Work-learning-integrated Teaching Model①

（Beijing Vocational College of Transportation，Beijing，LIU Heling）

Abstract：After three years of practical exploration on the teaching reform in the internship，the author creates a work-learning-integrated teaching model which integrates the enterprise，the college，teachers and students. This paper aims to provide theoretical guidance and demonstrative practice for the teaching reform in the internship of the vocational and technical college.

Key words：internship，work-learning-integrated practice teaching，work-learning-integrated teaching model

Teaching model refers to a stable framework established under the guidance of certain teaching thoughts and teaching theories and specific operable teaching activities hereunder. The Teaching Model Combining Work with Learning refers to a model of practical teaching activities integrating work and learning under the guidance of the teaching theory of work-learning combination.

The work-learning integration，the current trend of international vocational education，links work and learning together. In Germany where great achievements have been made in vo-

① The paper was first published in Beijing Vocational Education Research in 2011. It won the third prize in "The Eighth National Outstanding Research Papers on Vocational and Technical Education" organized by the Professional Committee of Journal Editors of Chinese Society of Technical and Vocational Education. In 2011，it also harvested the third prize in "The Thirteenth National Outstanding Papers on Vocational and Technical Education" jointly organized by Central Institute for Vocational and Technical Education，Chinese Society of Technical and Vocational Education and the editorial department of China Vocational and Technical Education.

cational education, the learning field course plan features the work-learning integration. In recent years, the teaching thought of work-learning integration has been widely adopted in such countries as Australia, America and England.

In China, research on the work-learning-integrated teaching model is insufficient. At present, there is no systematic guidance on adopting and popularizing the advanced teaching model in vocational colleges.

During the three-year practical exploration on the teaching reform in the internship, the author designs the work process as the learning process and establishes the work-learning-integrated teaching model, aiming to develop students'professional capacity. The teaching model which integrates the enterprise, the college, teachers and students serves as both theoretical guidance and demonstrative practice on conducting teaching reform in internship so as to combine work and learning and improve the teaching quality of internship.

The essence of the work-learning-integrated teaching model is the integration of work and learning with work process as the learning process.

1. Work-learning-integrated Teaching Model

The work-learning-integrated teaching model refers to the practice teaching plan with the teaching thought of work-learning integration as the guidance.

It includes the following four parts (Fig. 1):

- Teaching objective
- Teaching content
- Organizing method
- Result evaluation

The four parts are interdependent and inseparable. Teaching objective is the key, for it is the basis of teaching content and teaching strategy. The teaching objective, the teaching content and the teaching strategy as a whole make up the structure of teaching and learning and act as a tool to gauge whether an education plan is a success.

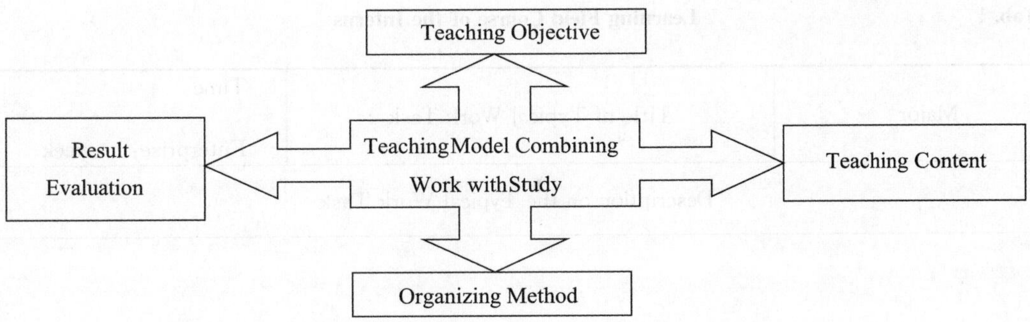

Fig. 1 Work-learning-integrated Teaching Model

(1) Teaching Objective of the Work-learning-integrated Teaching Model

It is the key objective of the work-learning-integrated teaching model to develop students'occupational abilities. Different intern positions have different objectives.

Occupational abilities refer to the necessary abilities required for a job, which include the following seven aspects.

- Designing self-learning content and obeying rules and regulations
- Finishing the job independently
- Knowledge application
- Cooperation and communication
- Acquisition, processing, and application of information
- Sense of responsibility
- Stress tolerance

(2) Teaching Content of the Work-learning-integrated Teaching

To develop students'occupational abilities through the work-learning-integrated teaching model, relevant teaching content is necessary. The learning field course of Germany is characterized by the combination of theory and practice, providing intern students with complete and multi-layered learning tools. Based on the learning field course of Germany, the author makes some adjustments according to the students'actual intern positions so that the adjusted learning field course of Germany can be the teaching content of the work-learning-integrated teaching model (Tab. 1).

Tab. 1 **Learning Field Course of the Interns**

Major	Title of Typical Work Task	Time Enterprise： week
Description on the Typical Work Task		
Learning Objectives		
The Content of work and Learning		
● Target	● Tools ● Method ● Organization	● Requirements
References Linking		
Evaluation (enterprise)		

Learning field course is related with typical work task in enterprises.

The typical work task is a specific one including the work process of the enterprise, practical skill, technical theory, the corporate culture, organization structure, and equipment (Fig. 2) This specific work task integrates work and learning, combines theory with practice, and blends professional capabilities, methodological capabilities and social capabilities together.

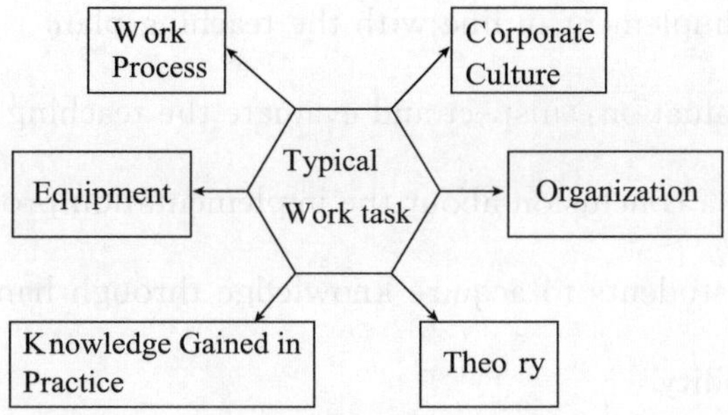

Fig. 2 Teaching Content

The learning field course, centering on the typical work task in enterprises, facilitates students'access to working skills through the working process. The integration of work and learning is the essence of the teaching combining work with learning.

(3) Organizing Method of the Work-learning-integrated Teaching Model

The organizing method is composed of two parts. On the one hand, the title typical work task is given according to the specific work of the intern position. On the other hand, the teaching activities are designed on the basis of the complete action model of the enterprise.

A complete action model of an enterprise includes the following six steps (Fig. 3) .

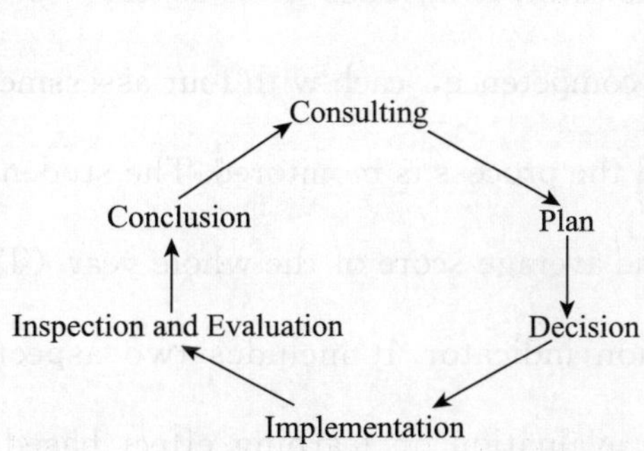

Fig. 3 Organizing Method of Work-learning-integrated Teaching Model

①Consulting：analyze the requirments of the learning task and collect related information.

②Plan：lay out the steps to finish the learning task. Various teaching plans are preferred.

③Decision：chose one teaching plan.

④Implementation：implement in line with the teaching plan.

⑤Inspection and Evaluation：inspect and evaluate the teaching process.

⑥Conclusion：draw a conclusion about the implementation process.

The six steps allow students to acquire knowledge through hands-on experience so as to improve their learning ability.

Materials that students can refer to during the problem-solving process include：textbooks，specialized dictionaries，and other tool books，the information materials and working arrangement materials of the enterprise，and the instruction of machines，equipment and tools.

(4) Result Evaluation of the Work-learning-integrated Teaching Model

Learning result evaluation gauges whether expected goals are met in teaching. Therefore，the evaluation process is the one that assesses the gap between the course objective and the actual achievement. The evaluation of the work-learning-integrated teaching model is co-participated by the enterprise，the college and students，and the respective proportions are 50%，30% and 20%. The evaluation indicators are composed of process evaluation indicator and the summative evaluation indicator.

①Process evaluation indicator. It includes three aspects—professional competence，strategic competence and social competence，each with four assessment content. The evaluation is conducted once a month and the process is monitored. The student' s final score of internship learning is determined by the average score of the whole year (Tab. 2).

② Summative evaluation indicator. It includes two aspects，namely，evaluation on the homework quality and evaluation on learning effect based on the actual performance (Tab. 3).

Tab. 2 **Process Evaluation**

name		gender		major									
Assessment content		1	2	3	4	5	6	7	8	9	10	11	12
Professional competence	Conform to the requirements of standard service and operation procedure.												
	Obvious progress in working efficiency and proficiency compared with that in the previous work task.												
	Enthusiastic about learning working skills of the intern position.												
	Able to apply theory to solve actual problems.												
Strategic competence	Progress in choosing and using correct tools.												
	Able to draw inferences from one instance												
	Flexible in dealing with problems												
	Active in learning relevant knowledge.												
Social competence	Obey rules and regulations of the company.												
	Good relationship with colleagues.												
	Active working attitude and abide by the company's arrangement.												
	Safety awareness.												
Total score													
evaluator													
Standard: A, 5 points; B, 4 points; C, 3 points; D, 2 points; F, 1 point								Total score					

Tab. 3 **Summative Evaluation**

<table>
<tr><th colspan="3" rowspan="2">Evaluation indicator</th><th rowspan="2">score</th><th colspan="3">Score</th><th rowspan="2">Total score</th></tr>
<tr><th>student (20%)</th><th>teacher (30%)</th><th>enterprise (50%)</th></tr>
<tr><td rowspan="5">Knowl-edge about the lear-ning field</td><td colspan="2">Learning attitude</td><td>10</td><td></td><td></td><td></td><td></td></tr>
<tr><td colspan="2">Standardized format</td><td>10</td><td></td><td></td><td></td><td></td></tr>
<tr><td rowspan="3">Home-work quality</td><td>Summary knowledge</td><td>10</td><td></td><td></td><td></td><td></td></tr>
<tr><td>Related knowledge</td><td>10</td><td></td><td></td><td></td><td></td></tr>
<tr><td>Professional knowledge</td><td>10</td><td></td><td></td><td></td><td></td></tr>
<tr><td rowspan="5">Learning result</td><td colspan="2">Ability to finish job independently</td><td>10</td><td></td><td></td><td></td><td></td></tr>
<tr><td colspan="2">Working attitude</td><td>10</td><td></td><td></td><td></td><td></td></tr>
<tr><td colspan="2">Knowledge application</td><td>10</td><td></td><td></td><td></td><td></td></tr>
<tr><td colspan="2">Cooperation and communication</td><td>10</td><td></td><td></td><td></td><td></td></tr>
<tr><td colspan="2">Safety awareness</td><td>10</td><td></td><td></td><td></td><td></td></tr>
<tr><td colspan="3">Total score</td><td>100</td><td></td><td></td><td></td><td></td></tr>
<tr><td colspan="3">Evaluation standard</td><td colspan="5">A，9～10points；B，7～8points；C，5～6points；D，3～4points；F，1～2points</td></tr>
</table>

2. Application of the Work-learning-integrated Teaching Model

The application of the work-learning-integrated teaching model to the internship of vocational colleges needs to be carried out from four dimensions—college，enterprise，students and teachers.

(1) The Establishment of the Four-dimensional Model

Four-dimensional Model is established in a systematic way to carry out the work-learning-integrated teaching model (Fig. 4) .

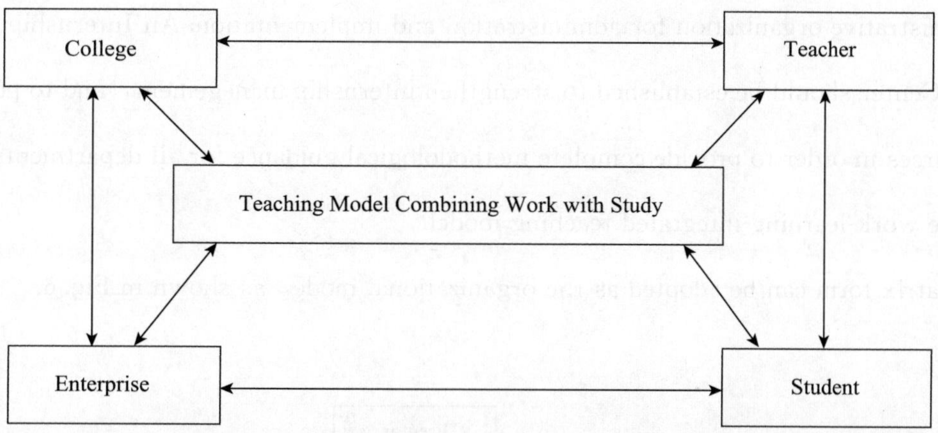

Fig. 4　The four-dimensional model

(2) Implementation

Implantation of the work-learning-integrated teaching model is divided into three stages, the pre-internship training, guidance during the internship as well as post-internship conclusion (Fig. 5).

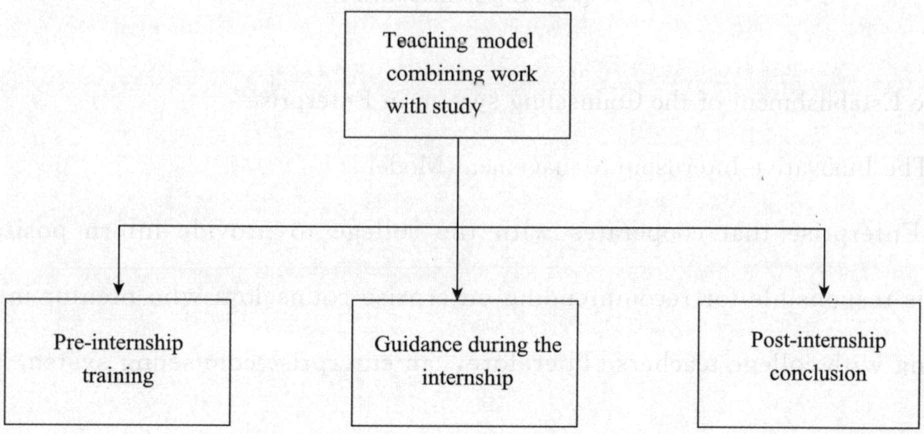

Fig. 5　Implementation

This paper only focuses on the perspective of the college to illustrate how to carry out the work-learning-integrated teaching model.

①The Establishment of Special Administrative Organization

The work-learning-integrated teaching model is a systematic program, which needs special administrative organization for administration and implementation. An Internship Administration Center should be established to strengthen internship management, and to pool various resources in order to provide complete methodological guidance for all departments to carry out the work-learning-integrated teaching model.

A matrix form can be adopted as the organizational mode, as shown in Fig. 6.

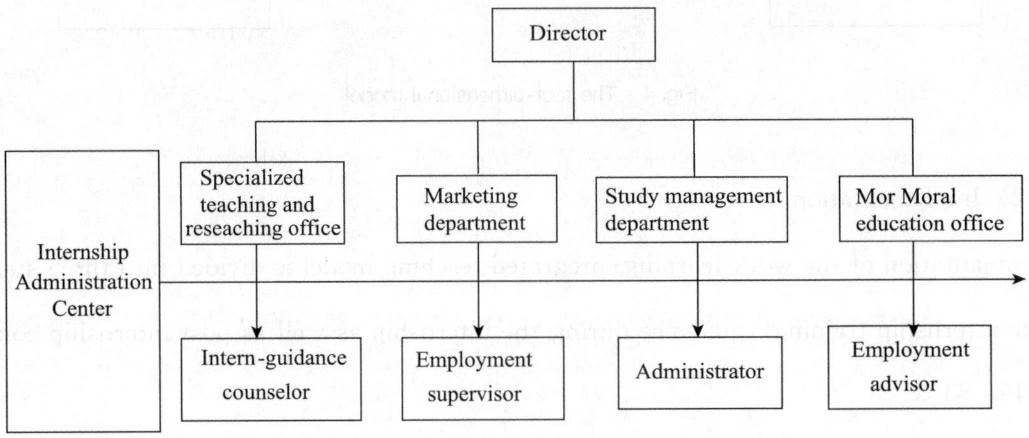

Fig. 6 Organization Chart

②The Establishment of the Counseling system in Enterprise

(a) The Innovative Internship Management Model

The Enterprise that cooperates with the college to provide intern positions for students is responsible for recommending enterprise counselors who mentor interns by cooperating with college teachers. Therefore, an enterprise counseling system is necessary.

The establishment of the enterprise counseling system facilitates the cooperation between college teachers and enterprise counselors in terms of guiding interns. Within this system, college teachers and enterprise counselors make training targets and training plans together and evaluate students'learning result together.

The college will examine and verify the recommended counselors and then grant an official letter of appointment to the qualified ones.

The establishment of the enterprise counseling system puts an end to the situation that interns could only get the instruction from college teachers. So to speak, the new model featuring the co-management of the college and the enterprise serves as the foundation to carry out the work-learning-integrated teaching model.

(b) Standards for Choosing the Enterprise Counselor

Basic standards for choosing the enterprise counselor include three aspects.

- The enterprise where the counselor works is the long-time partner of the college.
- The counselor is one of the best applicants in the enterprise.
- The counselor has a strong sense of responsibility and excellent technical competence.

(c) The Establishment of Rules and Regulations for the Enterprise Counselors

Extra-pay will be given to those enterprise counselors who perform well. When the internship is finished, the college will select outstanding enterprise counselors and bestow on them commendation and material rewards.

③Teaching Management

The teaching management of the college for interns include four aspects—professional teachers of the specialized teaching and research office, enterprise counselors, career advisors and class teachers, and is carried out in three stages, namely pre-internship training, management during the internship and post-internship conclusion.

3. The Application Effect of the Work-learning-integrated Teaching Model

The work-learning-integrated teaching model, a cooperation program between the enterprise and the college, integrates the college, the enterprise, teachers and students. The content of the work-learning-integrated teaching model is learning field course which acts as the platform for the cooperation between the enterprise and the college. It is on this platform that the college and the enterprise guide the course teaching and supervise internship together. The students'learning effect evaluation of the learning field course is an effective tool for the college to supervise the enterprise counselors.

As students can learn and practice with a clear goal in the work-learning-integrated teaching model, internship quality and efficiency will be greatly improved. Students'learning material provided by the enterprise can be used as the first-hand teaching material by the teacher who gets teaching inspiration by guiding students'internship. The work-learning-integrated teaching model benefits the college, the enterprise, teachers and students. It allows students to have a clear learning direction so as to improve the internship quality and perfect teachers'instruction.

The specific gains are reflected in the following aspects.

(1) The Significance for Students

①Improve Students Occupational Abilities

By studying the learning field course and doing practice, students become familiar with the work in the enterprise and master relevant working skills. Besides, students'theoretical knowledge can be enriched during the internship.

During this process, students are responsible for acquiring information, choosing tools, deciding the craft process, making working procedures, finishing project tasks and evaluating the result. The repeated training and guidance effectively develop students'comprehensive occupational abilities, including self-learning ability, cooperation ability and professional ability.

②Provide Methodological Guidance for Students'Life-long Learning

The work-learning-integrated teaching model enables students to learn in a systematic way to master working skills. Starting from the work process, students learn how to be a qualified worker by engaging themselves in the basic elements of the working process—workers, tools, products, and action. See Fig. 7.

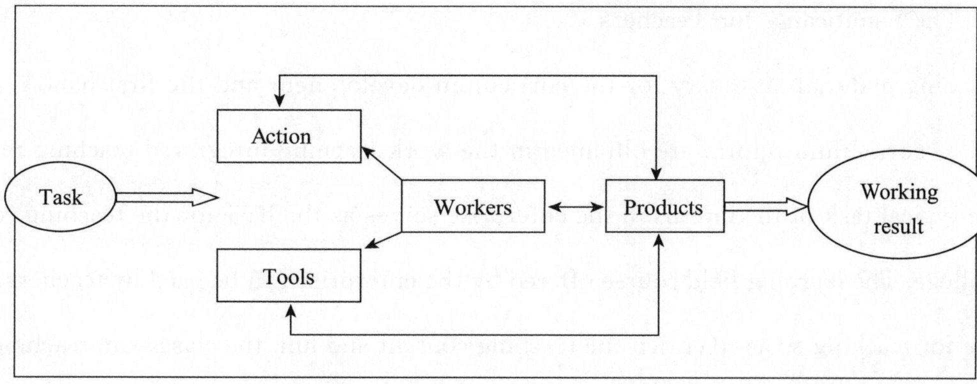

Fig. 7 Elements of the Work Process

The work process refers to a complete working procedure through which the enterprise finishes a task. Workers, tools, products and action interact and coordinate with each other in the working environment to achieve the required working result according to certain temporal sequence and spatial sequence.

Through the work-learning-integrated teaching model, students learn how to finish their task in practice by mastering the way to use tools, appropriate working skills and coordination skills. They grow from a new hand to a novice who makes continuous progress. The teaching model paves the way for students'sustained development, providing them with general learning skills when they transfer to a new job.

The work-learning-integrated teaching model provides interns with methodological guidance, under which students are assigned with typical work learn about the corporate culture, organization, work process and working environment. In this way, they can combine work with learning, integrate theory and practice, and blend professional competence, strategic competence and social competence together.

The work-learning-integrated teaching model makes students realize that knowledge acquisition is only the means rather than the final goal. The final goal is to effectively finish the task.

(2) The Significance for Teachers

Teaching material necessary for the curriculum development and the first-hand material essential to curriculum reform are obtained in the work-learning-integrated teaching model. The typical task of the interns in the enterprise serves as the base for the teaching content in the college. The learning field course offered by the enterprise can be used by teachers as the reference for teaching so as to enrich the teaching content and link the classroom teaching with the actual work of the enterprise.

(3) The Significance for the College and the Enterprise

The work-learning-integrated teaching model promotes the cooperation between the enterprise and the college. In this teaching model, it is necessary to implement the college-enterprise cooperation education plan. In practice, the college and the enterprise make the training goal and training plan together to give effective guidance for interns. The teaching activities in this model are of great significance. On the one hand, they help improve the internship management of the college and internship quality. On the other hand, they enhance the sense of responsibility and enthusiasm of the enterprise in taking part in college education. The enterprise learns through cooperation process that the college is the resource of qualified employees for enterprise, and that the cooperation between the college and the enterprise is necessary to train highly adaptable qualified workers with strong professional competence, solid working skills and comprehensive knowledge.

The teaching combining work with learning, which is the win-win education cooperation between the college and the enterprise, is the education process of the college and the training process of the enterprise as well. Though cooperation, the enterprise realizes the importance of vocational education to personnel training for the enterprise. Meanwhile, the awareness of the college to develop qualified skilled talents is greatly raised to lay the foundation for long-term cooperation.

In conclusion, carrying out the work-learning-integrated teaching model in vocational schools for interns realizes reforms in three aspects.

• Reform in learning process. Rather than stick to the rigid learning model in which the only task is to write an internship report, interns are trained to be qualified enterprise employees by designing the internship evaluation content as the training course.

• Reform in teaching process. Teachers'guidance for internship report is replaced with guidance for internship work. In this way, teachers are inspired to promote students to achieve comprehensive development.

• Reform in evaluation. Internship evaluation is no longer determined by the teacher alone. It is jointly determined by the teacher, the student and the enterprise. In this way, the subjectivity of the enterprise in vocational education is highlighted and cooperation between the school and the enterprise is enhanced.

The teaching model combining work with learning pioneers a new path for vocational and technical colleges to develop the occupational ability of their students. It can be adopted by both secondary vocational schools and higher vocational and technical colleges for teaching management in the internship stage. In addition, the teaching model combining work with learning can be applied to not only internship, but also practical teaching and course development on campus.

Reference

[1] JIANG Taiyuan. Mainstream Teaching Ideas of Contemporary German Vocational Education [M]. Beijing: Tsinghua Press, 2007.

[2] ZHAO Zhiqun. New Concept of Vocational Education and Training [M]. Beijing: Science Press, 2003.

工学整合式实践教学探索集萃

工学整合式教学模式构建的理论基础与方法

（北京交通运输职业学院　柳和玲）

一、工学整合式教学模式构建理论基础

一定的教学理论指导着一定的教学实践，或者说一定的教育思想指导着一定的教育实践。

构建工学整合式教学模式的理论基础是建构主义，是建构主义教育理论在职业教育领域的实践应用。

建构主义认为："不同的教学模式是以不同的方式提高学生的能力，这种能力既能够产生知识又能帮助学生在学术的、社会的和个人的领域自发地建构知识；学习就是知识的建构；知识并不是仅仅由教师和家长传递给学生，而是当学生对教育环境中的信息进行反应时不可避免地自己要进行创造"。工学整合式教学模式契合了建构主义这一教育思想。

建构主义提出并强调支架式教学。支架的本意是建筑行业中使用的脚手架，这里用来形象地说明一种教学方法。教师引导着教学的进行，使学生掌握、建构和内化所学的知识技能，从而使学生进行更高水平的认知活动。支架式教学理论指出："教学是教师为学生从现有水平向更高水平能力的提升搭建一个脚手架的过程，教师的角色随着学生熟练程度的提高要不断进行调整，即教师在学生需要时提供支持，但随着学生学习策略的掌握，教师的作用逐渐淡化"。简言之，教学是通过教师的帮助（即支架）把管理学习的任务逐渐由教师转移给学生，最后撤去支架。工学整合式教学模式为教师如何搭建脚手架提供了一种系统化的工具。

二、工学整合式教学模式构建方法

工学整合式教学模式研究，是以系统的观点对职业院校实践教学过程探索建立一个完整的教学活动方案，构建的方法是以教学目标、教学内容、教学组织方式和教学评价四个方面为框架；以培养学生职业能力作为工学整合式教学目标、以企业工作任务作为工学整合式教学内容、以企业完整的行动模式作为工学整合式教学组织方式、以理论学习成绩与实际工作表现相结合的评价指标作为工学整合式教学评价的方法，使工学整合式教学模式成为可操作的教学活动方案。

三、工学整合式教学模式构建意义

工学整合式教学模式的构建可以指导人们从整体上综合地探讨实践教学过程中各因素之间的互相作用和其多样化的表现形态，以动态的观点去把握实践教学过程的本质和规律，同时对加强教学设计、研究教学过程的优化组合也有一定的促进作用。

学习社会主义核心价值体系的体会

（北京交通运输职业学院　柳和玲）

日前，各民主党派正在开展学习践行社会主义核心价值体系的活动。作为中国民主同盟的一名盟员，响应民盟中央的要求，认真学习社会主义核心价值体系，把社会主义核心价值体系作为行动准则和自觉的价值追求，在自己的工作实践中践行社会主义核心价值体系。

社会主义的核心价值体系是社会主义意识形态的本质体现，是全党全国各族人民团结奋斗的共同思想基础。

中国特色社会主义共同理想是社会主义核心价值体系的主题；以爱国主义为核心的民族精神和以改革创新为核心的时代精神是社会主义核心价值体系的精髓。

作为一名职业院校的教帅，在工作岗位上为我国的职业教育做出努力，将改革创新的时代精神作为前进的动力，为我国从人力大国向人力强国迈讲贡献自己的一份力量，这是学习社会主义核心价值体系的心得体会。

我在学校顶岗实习教学改革的探索中取得了一定的研究成果，这一成果可以为我国职业院校实践教学提供理论指导和实践示范。如能将这一成果在更多的职业院校推广应用，能够为我国职业人才的培养贡献一份力量，既可以体现我们的爱国情怀，同时也契合了改革创新这一时代主题。

我的研究成果可以概括为：立足于职业院校顶岗实习教学环节，探索提高实习质量的教学途径，以改革的视野视察职业院校顶岗实习环节的现状，借鉴德国基于工作过程的学习领域的经验，构建了顶岗实习教学模式——工学整合式教学模式，强化了实习管理。

研究成果的价值：在理论上厘清了顶岗实习的教育功能，指出了顶岗实习是一个教育过程，在实践上构建了教学模式、实施手段与管理方法。

下面从改革的背景、改革的内容、改革的意义三个方面进行简要说明。

一、改革的背景

目前，职业学校学生顶岗实习阶段的实际效果与专业教学计划中的要求存着一定的差距，学校对学生实习技能的掌握没有系统的考核办法，实习期满，学生常常以一份“毕业论文”应付了事。这种现象是许多职业学校面临的问题。

《国家中长期教育改革和发展规划纲要（2010—2020 年）》针对我国职业教育存在的主要矛盾和突出问题，提出“优先发展、育人为本、改革创新、促进公平、提高质量”的工作方针。其中，育人为本是教育改革发展的核心，促进公平和提高质量是教育改革发展的两大重点，优先发展和改革创新是实现任务的两大保证。

教育的改革创新是破除当前我国教育领域多种积弊的一剂良药，是我国教育发展的根本动力。在职业教育领域，顶岗实习是一项重要的实践教学活动，是培养高素质职业人才的重要途径。是二十字方针之“育人为本”方面的一个重要阶段。

如何对职业学校学生在顶岗实习阶段进行有效的教学管理，进而提高顶岗实习质量，建立工作与学习的内在联系，促进学生就业，为学生职业成长提供方法指导，我带领学院顶岗实习教学改革项目组进行了创新性的探索。

二、改革的内容

1. 工学整合式教学的内涵

我们改革的核心内容是在学生顶岗实习阶段开展工学整合式教学。所谓工学整合式教学是指将学生实习阶段的工作过程设计为学习过程，进行工作与学习一体化的教学组织。

工学整合式教学是在工学整合式学习的基础上提出的教学方法。工学整合式学习[①]是指工作和学习一体化的岗位学习，其学习过程在时间上和空间上与工作过程是一体化的。

① 赵志群．职业教育与培训新概念［M］．北京：科学出版社，2003.

2. 工学整合式教学的内容

工学整合式教学需要一个合适的“内容载体”，这个载体就是“学习领域”。在教育学中，学习领域是按照学习内容性质的不同所划分的学习范畴。目前，在职业教育领域，德国是最先推广“学习领域”课程的国家。

借鉴德国学习领域课程模式，根据学生顶岗实习的具体状况，对课程内容适当调整，将调整后的课程内容作为工学整合式教学的内容（称为学习领域认识），是我们进行的探索。

学习领域认识的形式是一张表格，如表 1 所示。

表 1 　　学习领域认识

<table>
<tr><td>专业名称</td><td>工作任务名称</td><td>实习时间</td></tr>
<tr><td></td><td></td><td></td></tr>
<tr><td colspan="3">工作任务描述</td></tr>
<tr><td colspan="3">（1）内涵
（2）流程
（3）任务</td></tr>
<tr><td colspan="3">学习目标</td></tr>
<tr><td colspan="3"></td></tr>
<tr><td colspan="3">工作与学习内容</td></tr>
<tr><td>● 工作对象</td><td>● 工具
● 工作方法
● 劳动组织</td><td>● 工作要求</td></tr>
<tr><td colspan="3">知识链接</td></tr>
<tr><td colspan="3">企业文化　组织结构　设备　实践技能　技术理论</td></tr>
<tr><td>评价（企业）</td><td colspan="2"></td></tr>
</table>

表格内容可以描述为六个部分：①工作任务名称、时间；②工作任务说明（内涵、流程、任务）；③学习目标；④工作与学习内容；⑤知识链接；⑥学习评价。

工学整合式教学内容（见图 1）是以学生到企业实习真实的工作任务为中心制定课程内容，即围绕工作任务，学习企业文化、组织结构、工作过程、设备，在此基础上进行实践知识和理论知识的累积，从而实现工作与学习的整合，理论与实践的整合，专业能力、方法能力和社会能力的整合。

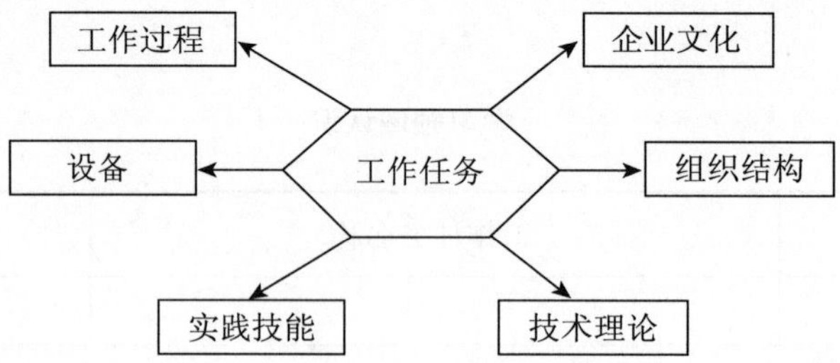

图 1　学习内容

工作过程（见图 2）包括工作过程要素（工具、工作方法、生产组织方式、产品）和企业完整的工作过程（识别信息、明确任务计划、决策、实施、检查评价、总结反馈）。

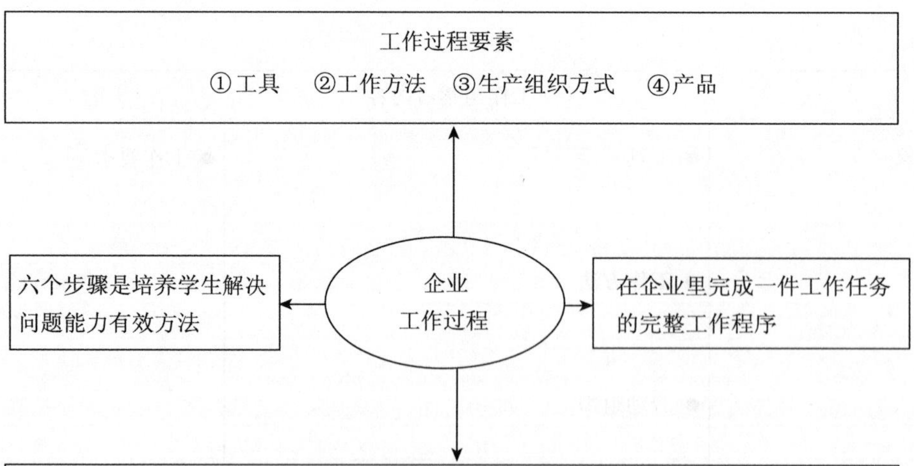

图 2　企业工作过程

三、改革的意义

开展工学整合式教学，使学生在岗位实习中，学习掌握工作技能要领的一套方法，即从企业工作过程入手，通过工具、工作方法、生产组织方式和产品基本结构要素学会如何工作。

通过工学整合式教学，学生在工作实践中掌握劳动工具的使用，获得相宜的工作方法，与他人合作，按照一定的时间和空间顺序，使其达到要求的工作成果。

通过工学整合式教学，使学生认识到掌握知识只是手段，最终目的是有效地完成工作任务。

学习领域认识这一岗位学习课程，阐述了具体工作岗位完成任务的具体实施步骤、工作流程，是对学习具体工作任务的归纳与总结；阐述了岗位工作在整个工序中的作用；明确了在工作中应与之协作的部门和人员（生产组织方式）；明确了在工作过程中应涉及的知识与技能；明确了对职业工作的认识和职业的成长路径；实现了学生对工作岗位、工作内容的启蒙和扫盲教育。

工学整合式教学既是学校的育人工程，又是企业的员工培训工程，这是双赢互赢的教育合作。通过校企合作，使企业认识到职业教育对企业人才培养的重要性，与此同时，又增强了学校培养合格职业人才的自觉性，为学校和企业的长期合作奠定了基础。

综上所述，职业学校在顶岗实习阶段进行教学改革，开展工学整合式教学，实现了三个方面的变革：一是学习过程的变革，改变了以往实习阶段撰写实习报告的机械僵化形式，将实习考核设计为岗位课程的全过程学习，使学生实现向企业员工转型的优化塑造目标；二是教学过程的变革，将以往指导实习报告的撰写，改变为全部实习过程的岗位工作认知指导，履行教育促进学生成长的使命；三是评价过程的变革，实习质量的评价，改变以往由学校教师单一评价，整合为教师、学生和企业共同参与，突出了企业在职业教育中的主体作用，强化了学校与企业联袂育人的教育功能。

通过对社会主义核心价值体系的学习，使我更加深刻地认识到时代赋予我们职业学校教师的责任。不断学习、努力工作，为我国职业教育的发展贡献自己的一分微薄之力，这是我今后奋斗的目标和努力的方向。

企业对顶岗实习改革的评价

（易通交通信息发展有限公司　王　荣）

北京交通运输职业学院顶岗实习改革，对比传统实习管理方式，有如下几方面的创新。

第一，这次学习领域认识的设计理念是从学生对其实习工作描述出发的，因此针对性强，对学生创造性要求低，容易上手，同时也考虑到了实习岗位的多样性特点，有效避免了传统毕业论文和毕业设计千篇一律、流于形式的各种不足，使学生必须通过自己作业来完成这个领域认识的总结，从而使毕业考核的目标得到了有利的保障。

第二，这次的认识报告中预设了典型任务描述、学习目标、工作与学习内容、知识链接等内容，内容充实、明确、层次感强，能有效督促学生在实习过程按部就班、循序渐进地进入实习角色，并引导其能够结合所学来分析、提炼工作实习中的所见所思，从而使学生们更好地完成理论知识向实际操作的转化，老师、企业对学生实习的可控性增强。

第三，“学习领域认识”本身已经具备了企业岗位说明书的众多特点。可以这么说，这个专业实习实践说明的模板，完全就是学校引导学生通过实习，自己整理出所实习岗位的工作手册的一个模板，这将大大减少未来企业在入职培训上的投入，对企业可谓善莫大焉，而且这也必定会开辟一个新的企业接口，为学校与企业联合，落实学生实习和入职培训并进行有效过程控制、实习内容调整等工作衔接提供了有利的基础。

第四，以往的毕业考评，主要是对学生理论知识的考核，这对以实践为主的中职教育意义不大。这次学校改革后的“学习领域认识”方式，通过有效的设计，在保证学校从教学角度对大多数学员基本实习的认知要求外，还预留了相当的非专业知识的拓展空间，按学校自己的话说，就是让学生在实习中掌握和实践所学的专业知识的同时，引导学生进一步拓展方法知识和社会知识的学习、积累，避免了学生参加工作后的书卷气，有效缓解了学生的“孩子气”和不成熟。

第五，前面我们提到了传统毕业论文和毕业设计考核的弊端。传统的毕业考核成果对学校的教学研究意义不大，毫无疑问，这是一种极大的资源浪费。但通过北京交通运输职业学院的学习领域认识方式所获得的学生认识报告，因为其基于实践描述的特性，完全可以作为学校教研和企业管理的一个有效的信息收集手段和真实的信息来源，甚至包括学生作为实践者的初步分析，这样自然能更好地支持双方对自身管理的提升和产品的检验改良。

北京交通运输职业学院进行的顶岗实习教学改革是一次创造性的工作探索，对中等职业学校提高人才培养质量具有一定的指导和建设意义。

后 记

在工学整合式实践教学的探索中，将学生顶岗实习阶段的岗位工作设计成学习过程，是进行顶岗实习教学改革的起点，也是工学整合式实践教学方案建立的基本出发点。这一探索始于 2007 年，当时我在北京师范大学师从赵志群老师学习职业教育课程开发。我将所学与工作实践相结合，将德国学习领域课程模式引入到学生顶岗实习课业中，开始了顶岗实习教学改革的探索。2010 年，我在中央教育科学研究所作访问学者，师从吴霓老师。学习期间，又陆续得到了教育部职业技术教育中心研究所姜大源老师，中国职教学会谢幼琅老师等众多专家学者和名师的指导帮助，使我的研究不断得以深入完善。

我的工学整合式实践教学的探索，自始至终得到我校施建年副校长，以及学校多位教师同人的支持帮助，正是这些宝贵的工作支持，才使我的研究得以圆满完成，在此，一并致以最诚挚的谢意。

作 者

2014 年 1 月